임동석중국사상100

노 자

老子 (道德經)

李耳 著 / 林東錫 譯註

"상아, 물소 뿔, 진주, 옥, 진괴한 이런 물건들은 사람의 이목은 즐겁게 하지만 쓰임에는 적절하지 않다. 그런가 하면 금석이나 초목, 실, 삼베, 오곡, 육재는 쓰임에는 적절하나 이를 사용하면 닳아지고 취하면 고갈된다. 그렇다면 사람의 이목을 즐겁게 하면서 이를 사용하기에도 적절하며, 써도 닳지 아니하고 취하여도 고갈되지 않고, 똑똑한 자나 불초한 자라도 그를 통해 얻는 바가 각기 그 자신의 재능에 따라주고, 어진 사람이나 지혜로운 사람이나 그를 통해 보는 바가 각기 그 자신의 분수에 따라주되 무엇이든지 구하여 얻지 못할 것이 없는 것은 오직 책뿐이로다!"

《소동파전집》(34) 〈이씨산방장서기〉에서 구당(丘堂) 여원구(呂元九) 선생의 글씨

책 머리에

《노자》는 선진제자학先秦諸子學에서는 《장자莊子》·《열자列子》와 더불어 『도가삼서道家三書』 중 최고의 사상서였으며, 위진남북조魏晉南北朝의 현학玄學에서는 《주역周易》·《장자》와 더불어 『삼현학三玄學』의 대표적 연구서였다. 그런가 하면 당대唐代 도교道敎의 흥성으로 《남화진경南華眞經, 莊子》·《충허지덕진경冲虛至德眞經, 列子》과 더불어 《도덕경道德經》이라 하여 『도교삼경道敎三經』의 종교 경전經典이었다. 역대 이래 이름 없는 서민으로부터 황제에 이르기까지 주석서를 내고 풀이를 시도하여, 역사적으로 보면 하나의 학술사상에서 종교경전으로 그 가치를 극진히 높여왔다. 이리하여 중국인의 사유는 물론 우리의 사상에도 깊은 영향과 철학적 사유의 폭을 풍부하게 해 주었다. 역대 선현들과 현대 뛰어난 학자들의 위대한 주석과 풀이가 있었음에도 천학둔재가 이에 덤빈 것은 사실 무리인지도 모른다. 그러나 일생에 한번쯤 느낌으로라도 읽고 싶은 욕구에서 출발한 것일 뿐이다.

우선 제6장의 "곡신불사谷神不死"를 보자. 여기서 「곡신谷神」이란 물론 정령물의 신들, 이를테면 풍신風神, 하신河神, 산신山神, 해신海神, 곡신穀神 등의 개념이 아니다. 우선 '곡谷'은 노자 전체 사상 중에 "비어 있음"이라는 개념을 위해 대표적으로 설정된 용어이다. 골짜기는 비어 있어 만물을 수용할 수 있음에 대한 추상적인 허虛, 용容, 공空 등의 의미이다. 그리고 '신神'은 정신精神, 주의主義, 현상現象, 도道의 뜻이다. 그 때문에 백곡왕百谷王, 계谿 등의 용어도 함께 사용하여 현묘玄妙한 도를 표현해보려 한 것이다. 따라서 곡신谷神이란 "비움의 본체, 비움 정신, 비워진 현상의 도" 등의 뜻쯤이 된다. 그러나 역시 이 또한 어떻게 설명할 길은 없다. 그저 그러려니 하고 감을 잡을 뿐이다.

그러나 노자의 논리대로라면 이러한 노자를 말로 풀어쓰면 이미 노자가 아니다. 그러나 어디 기댈 데가 있어야 무슨 뜻인지 무슨 내용인지 알지 않겠는가? 그래서 덤비기는 했지만 나는 노자를 전혀 알지도 못하고 그의 사상을 풀어서 설명할 수도 없다. 20대 때나 지금의 50대 때나 마찬가지이다. 우선은 이해하지 못하기 때문이며, 설령 몇 구절 이해한다고 해도 이를 내가 알고 있는 모어母語로 이렇다고 해석해 낼 능력도 갖추지 못하고 있기 때문이다. 그런데도 지금 노자 책을 잡으면 왠지 뭔가 심오한 것을 발견할 것만 같고 무언가 마음의 평온을 얻을 것만 같은 기대를 저버리지 못하고 있다. 그 외의 것도 이를 해석하려 들면 이것이 문장에 있어서 수식어修飾語인지 한정어限定語인지도 구분이 되지 않았고, 이것이 앞의 말을 이어받는 순접順接인지 아니면 앞의 말을 뒤집는 역접逆接인지조차도 전혀 감을 잡을 수 없다. 그래서 결론은 모두가 비문非文이며 문법도 없는 문장이구나 하는 느낌이 전부였다. 비문이니 역시 비문으로 해석할 수밖에 없다. 참으로 무책임한 말 같지만 아무리 자세하게 군더더기 말을 붙여 보아야 결국 감을 잡을 수 없기는 마찬가지이며 온갖 주석서를 보아도 결국은 제자리로 돌아오고 마는 묘한 환원의 고리이며, 세상에 짝을 찾을 수 없는 희한稀罕한 문체이다.

그러니 이렇게 추상적이고 현묘한 말을 어찌 이것이다 하고 단정짓겠는가? 그렇게 단정된 것은 이미 본의가 아님을 노자는 첫머리에서 「명가명名可名, 비상명非常名」이라고 하였으니 얼마나 합리화하기에 좋은 예인가? 그래서 "느끼고 감지하고 그렇다고 믿어야 하며 이를 이해하려고 덤비는 것은 무모한 작업이며 도가 본래의 취지에도 어긋난다는 사실"을 결론으로 얻게 되었다.

그런데 다만 가만히 들여다보면 이제껏 많은 사람들은 노자의 문장이 운문체로 이루어졌다고 설명하고 있다. 이에 대구對句는 대구끼리 맞추고 운韻은 운끼리 맞도록 행간을 조정하고 줄을 띄어보았더니 그런 대로 얽힌 실타래보다는 풀어 실꾸리에 다시 감은 것처럼 조금은 명료해지는 것이었다.

이에 역문은 어차피 많은 주석서가 있고 또 수천 년을 거쳐, 수많은 사람을 통해, 지금도 지구상에 누군가가 열심히 이해의 경지로 치닫고 있으니 추형醜形의 박樸함을 그대로 하고, 원문은 새로이 구도화해 보았을 뿐이다. 뜻이야 수만 인이 하면 수만 가지가 나올 것이다. 주해는 수만 마디를 동원해도 결국 군더더기가 될지도 모르는 역사상의 기서奇書이기 때문이며, 내가 새롭게 뜻을 발견해 낸다는 것도 불가능하기 때문이다.

나에게 있어서 《노자》를 풀어쓰겠다고 한 이상 《노자》는 이미 나에게서 멀어졌다. 이는 내가 애쓴 만큼 《노자》의 이 뒤엉킨 5천여 자는 나에게서 영원히 나의 표현을 떠나고 말았다. 모호模糊와 혼돈混沌에 대한 멋진 기대는 나의 말로 되지 않는 설명을 통해 갑자기 물 위로 떠올라 그 형상이 드러나면서, 비움을 흉내내고 싶어했던 욕망이라는 가면을 갈아 쓰고 말았다. 무한한 착각이 얇게 쪼갠 음성분석 자모로 흘러나오는 어느 안내전화의 기계음機械音처럼 나에게서 합일合一은 분리되었고 동화同化는 파괴되었다. 그러니 우선 조악한 풀이지만 원문을 통하여 느낌을 놓치지 않을 가벼운 판본으로 읽어주기를 소박하게 기대할 뿐이다.

苗浦 林東錫이 醉碧軒에서 쓰다.

일러두기

1. 이 책은 주겸지朱謙之의《노자교석老子校釋》(中華書局, 新編諸子集成, 1996년, 北京)과 高明의《백서노자교주帛書老子校注》(中華書局, 新編諸子集成, 1996년, 北京), 그리고《신역노자독본新譯老子讀本》(余培林, 三民書局, 1975, 臺北),《노자전역老子全譯》(沙少海, 徐子宏, 貴州人民出版社, 1992, 貴陽),《백화노자白話老子》(鄧潭洲, 岳麓書社, 1996, 長沙),《노자금주금역老子今註今譯》(陳鼓應, 臺灣商務印書館, 2000, 臺北) 등을 참고하여 우리말로 옮긴 것이다.

2. 총 81장을 역문譯文을 먼저 싣고 원문은 역문에 맞추어 의미의 구조를 알 수 있도록 대구나 운에 따라 행간을 조정하여 시각적인 구분이 가능하도록 하였다.

3. 원문에 대한 세세한 학문적 역주는 생략하고, 문장도 직역이 아닌 평역(의역)으로 하였다. 원의의 깊은 뜻과 각 판본 사이의 이설이 워낙 분분하여 일일이 밝히지 못하였다.

4. 한자는 인명, 지명, 고유명사 등과 의미 전달을 위하여 반드시 필요한 것 외에는 병기하지 않았다.

5. 매 장마다 편자가 제목을 붙였으나 이는 편의상 읽어가기 위한 것일 뿐, 해당 장의 의미를 완전히 포괄한 것은 아님을 밝혀둔다.

6. 부록으로 마왕퇴馬王堆 출토 백서帛書《노자老子》(甲本·乙本)와 〈사고전서四庫全書〉(文淵閣)본《어정도덕경주御定道德經註》를 실어 연구와 참고에 도움이 되도록 하였다.

7. 이 책을 역주하는데 참고한 서적은 다음과 같다.

❋ 참고 문헌

1. 《老子校釋》(新編諸子集成) 朱謙之 中華書局 1996. 北京

2. 《帛書老子校注》(新編諸子集成) 高明 中華書局 1996. 北京

3. 《老子道德經》漢, 河上公(撰) 四庫全書(文淵閣本) 商務印書館(印本) 臺北

4. 《道德指歸論》漢, 嚴遵(撰) 四庫全書(文淵閣本) 商務印書館(印本) 臺北

5. 《老子道德經》魏, 王弼(注) 四庫全書(文淵閣本) 商務印書館(印本) 臺北

6. 《老子解》宋, 蘇轍(撰) 四庫全書(文淵閣本) 商務印書館(印本) 臺北

7. 《道德寶章》宋, 葛長庚(撰) 四庫全書(文淵閣本) 商務印書館(印本) 臺北

8. 《道德眞經注》元, 吳澄(撰) 四庫全書(文淵閣本) 商務印書館(印本) 臺北

9. 《老子翼》(附 考異) 明, 焦竑(撰) 四庫全書(文淵閣本) 商務印書館(印本) 臺北

10. 《御定道德經注》淸, 世祖(御注) 成克鞏(恭纂) 四庫全書(文淵閣本) 商務印書館
    (印本) 臺北

11. 《老子說略》淸, 張爾岐(撰) 四庫全書(文淵閣本) 商務印書館(印本) 臺北

12. 《道德經注》淸, 徐大椿(撰) 四庫全書(文淵閣本) 商務印書館(印本) 臺北

13. 《老子》(甲乙本) 馬王堆 출토. 續修四庫全書 印本 上海古籍出版社 上海

14. 《道德經指歸》漢, 嚴遵(撰) 續修四庫全書 印本 上海古籍出版社 上海

15. 《道德經論兵要義述》唐, 王眞(撰) 續修四庫全書 印本 上海古籍出版社 上海

16. 《道德眞經傳》唐, 陸希聲(撰) 續修四庫全書 印本 上海古籍出版社 上海

17. 《道德眞經取善集》宋, 李霖(編) 續修四庫全書 印本 上海古籍出版社 上海

18. 《老子鬳齋口義》宋, 林希逸(撰) 續修四庫全書 印本 上海古籍出版社 上海

19. 《老子道德經古本集註》宋, 范應元(撰) 續修四庫全書 印本 上海古籍出版社
    上海

20. 《道德玄經原旨》元, 杜道堅(撰) 續修四庫全書 印本 上海古籍出版社 上海

21. 《老子集解》(附 考異) 明, 薛蕙(撰) 續修四庫全書 印本 上海古籍出版社
    上海

22. 《老子章義》淸, 姚鼐(撰) 續修四庫全書 印本 上海古籍出版社 上海

23. 《老子本義》淸, 魏源(撰) 續修四庫全書 印本 上海古籍出版社 上海

24. 《御定道德經注》淸, 順治(世祖) 乾隆御覽〈四庫全書薈要〉吉林人民出版社 印本 長春

25. 《老子道德經》魏, 王弼(注) 乾隆御覽〈四庫全書薈要〉吉林人民出版社 印本 長春

26. 《老子道德經》河上公(章句) 四部叢刊 初編 子部 書同文數字化技術有限公司 電子版本 北京

27. 《老子本義》淸, 魏源(撰) 新編諸子集成 世界書局 1978 臺北

28. 《老子道德經注》魏, 王弼(注)·唐, 陸德明(釋文) 新編諸子集成 世界書局 1978 臺北

29. 《老子道德經》魏, 王弼(注) 百子全書(本) 岳麓書社 1994 湖南 長沙

30. 《道德眞經注》元, 吳澄(撰) 百子全書(本) 岳麓書社 1994 湖南 長沙

31. 《老子全譯》沙少海·徐子宏(譯) 貴州人民出版社 1992 貴州

32. 《老子今註今譯》陳鼓應(注譯) 臺灣商務印書館 2000 臺北

33. 《白話老子》鄧潭洲(譯) 岳麓書社 1996 湖南 長沙

34. 《道德經今譯》谷斌(外) 中國社會科學出版社 1996 北京

35. 《新譯老子讀本》余培林 三民書局 1975 臺北

36. 《老子義疏證》吳靜宇(著) 大衆書局 1971 臺南

37. 《老子講義》鍾健明(著) 常春樹書房 1977 臺北

38. 《老子哲學》張起鈞(著) 中正書局 1977 臺北

39. 《先秦七大哲學家》韋政通(著) 牧童出版社 1979 臺北

40. 《老子의 新研究》木村英一 創文社 昭和 34년 東京

41. 《Taoism and Chinese Rligion》Henri Maspero. The University of Massachusetts Press Amherst. 1981

기타 공구서 및 도가 서적은 생략함.

해 제

Ⅰ. 중국 선진先秦 사상과 노자

1. 중국의 양대 사상

양계초梁啓超의 《중국학술사상지대세中國學術思想之大勢》라는 책에 의하면 중국 고대의 사상은 우선 북파北派와 남파南派로 나뉜다. 즉 북쪽은 공맹孔孟의 유가儒家 사상이며 남쪽은 노장老莊의 도가道家 사상이다.

이들은 확연히 구분되며 그 주된 차이는, 북쪽 유가는 동적動的이며 실질實質을 숭상하고 역행(力行, 힘써 행함)을 중시하며 인사(人事, 사람의 일)를 귀히 여기고 정법正法을 밝히고자 하며 계급과 조직을 중하게 여겨 종적縱的인 사회 현상을 인정하고, 보수적이며 절성(節性, 勉强, 억지로라도 해냄)을 주장하며, 천명天命을 두려워하고 배타적排他的·배외적排外的이며 자강自强을 덕목으로 삼아 현실 세계를 인정한다.

그러나 남쪽 도가는 이에 상반하여 정적靜的이며 허상虛想을 숭상하고 무위無爲를 중시하며 세속世俗을 벗어나는 초연함을 귀하게 보고, 초현실을 인정하며 철리哲理를 밝히고자 하며 평등을 우선으로 하고, 만물의 관계를 횡횡橫으로 보며, 자연을 주장하고 임천(任天, 하늘의 이치에 맡김)을 귀히 여기며 무아주의無我主義에 익숙하며, 유약柔弱을 덕목으로 삼아 현실세계를 그다지 인정하지 않는다고 하였다.

그런가 하면 오강吳康의 《제자학개요諸子學槪要》에서는 선진학술 사상을 적극용세파積極用世派와 소극피세파消極避世派로 나누어 설명하고 있다.

즉 세상을 적극적으로 활용하겠다는 주장의 용세파用世派는 인도파(人道派, 유가), 공리파(公利派, 묵자)와 명가名家, 법가法家, 음양가陰陽家를 여기에 넣고 있다. 그리고 피세파로는 자연파自然派에 노장老莊을, 존아파尊我派에 양주楊朱와 진중陳仲을, 무치파無治派에 농가農家의 허행許行을, 은사파隱士派에 초광접여楚狂接輿와 장저張沮, 걸닉桀溺을 넣어 대별하고 있다.

이처럼 중국 고대의 사상을 결국 크게 보아 유가와 도가로 대별되며 이는 지역적으로 남과 북의 인문 지리환경에 따라 생성과 발전의 모형이 달랐으며, 그로 인해 문학과 종교, 정치와 예술, 사유思惟와 철학 등 각 방면에 걸쳐 그 영향과 현상이 지금도 뚜렷한 특징을 보이고 있다. 그 중 도가는 노자, 열자, 장자를 대표로 하며, 이들의 언론과 사상은 중국의 학술에 있어서 두 기둥 중에 남쪽을 받치고 있어 남쪽의 모든 것을 대변해 주고 있다고 볼 수 있다. 이것이 북쪽의 기둥인 유가와 서로 대립, 조화를 거쳐 오늘날 중국인의 혈맥 속에 면면히 흐르면서, 중국인 특유의 '인간관계는 유가의 덕목으로 처리하면서, 개인의 삶과 가치는 도가의 사유법으로 판단하는' 묘한 방식을 지니게 한 독특한 인소因素로 자리잡고 있다.

2. 도가

중국의 고대 학술은 흔히 유가儒家 도가道家 묵가墨家 법가法家 명가名家 음양가 陰陽家 종횡가縱橫家 농가農家 잡가雜家 소설가小說家 등 소위 『구류십가九流十家』라는 것으로 분류된다. 이들은 사실 정치철학의 입장에서 그들의 정치에 대한 주의주장을 두고 나눈 것이다. 그 중 도가는 도道라고 하는 추상적인 우주본체의 원리를 현묘하게 설정하고, 이에 따라 만물의 철리와 생성소멸의 도에 대한 이치를 궁구해 보고자 한 일파의 주장이다. 그리고 그에 따라 무위이치無爲而治가 최상의 정치라 주장한 것이다. 그러면서 다른 제가諸家들과 동등하게 보기에는 훨씬 높은 경지를 내세우며, 시기적으로도 매우 앞서 발원한 것으로 보고 있다. 즉 유가가 요堯·순舜·우禹·탕湯·문왕文王·무왕武王·주공周公을 종주로 내세움에 비해 도가는 그보다 전설적으로 앞선 황제黃帝를 내세워 이로써 한대漢代에는 황로술(黃老術, 황제와 노자를 종주로 하는 학술사상)이라 하기도 하였다.

한편 한나라 때의 유명한 학자 유향劉向은 이를 고대 사관史官에서 나왔다고 하였다. 즉 역사를 관장하던 이 사관들이 얻은 결과와 감회란, 음양소장의 기機와 강유동정剛柔動靜의 이치를 파악하여 사람의 작위作爲라는 것이 족히 화禍와 용用의 공유성共有性을 지니고 있음을 알게 된 것이다. 그래서 결국 도법자연道法自然, 청정무위淸靜無爲, 도무시종道無始終, 만물일제萬物一齊의 경지를 내세워 정치의 혼암과 인간 개인의 문제와 인사관계의 모든 난제를 해결해야 한다는 것이었다.

그런가 하면 도가의 요지는 자연을 숭상하고 무위無爲를 최상의 경지로 삼는다. 사마천司馬遷의 아버지 사마담司馬談은 이에 도가를 가장 존숭하여 "비움이란 도의 변함 없는 기본이치이며, 근거에 의지함은 임금의 강한 통치력이다(虛者, 道之常也; 因者, 君之剛也)"라 하여 통치술로 설명하기도 하였다.

이에 《한서漢書》 예문지藝文志에서는 정치철학의 입장에서 보아 "도가는 청허淸虛를 지키고 비약卑弱을 견지하여 임금의 통치술로 삼는다. 그러나 이에 지나친 신봉자는 예학禮學을 버리고 인의仁義를 포기하여 자신을 합리화한다"로 종지宗旨와 폐단을 설명하기도 하였다.

이러한 도가는 한대의 황로술이라는 학술명칭으로, 다시 위진魏晉시대에는 현학玄學이라는 사유체계의 방법론으로, 그리고 당대唐代에는 도교道敎의 흥성으로 그 자체가 제자학諸子學 중의 하나였던 사상이 크게 확장, 발전하여 오늘날까지 중국인의 사상과 종교계를 점하게 되었다.

II. 노자老子와 《도덕경道德經》

1. 노자老子

사마천의 《사기史記》에는 노자, 장자, 신불해申不害, 한비자韓非子를 묶어 하나의 전傳에 넣고 있다. 그런데 노장은 도가이며 신불해, 한비자는 법가이다. 사마천은 이들이 하나의 뿌리에서 나왔다고 본 것이다.

여기서 노자는 우선 성은 이씨李氏, 이름을 이耳, 자는 담聃이며, 혹 자가 백양伯陽, 시호가 담聃이라 하였다. 그리고 초楚나라 고현苦縣 여향厲鄕 곡인리曲仁里 사람이라 하였다.(이에 대하여 지난 1995년 10월 중국에서는 지금의 安徽省 渦陽縣 鄭店村 天靜宮(中太淸宮)을 발굴하면서 그곳이 바로 노자의 출생지라고 밝힌 바 있다)

그의 생졸 연대에 대하여 호적胡適은 주周 영왕靈王 초기 즉 B.C. 570년경에 태어나 90여 세를 살았으며 공자孔子보다 20여 세 많았다고 주장하였다.

그러나 노자란 인물은 《사기》에서 이미 노래자老萊子인지 노담(老聃, 太史儋)인지 세상에 누구도 모른다고 하였다. 우선 그의 이름부터가 전국戰國 초기까지는 없었던 이씨李氏 성에 제자諸子에서의 일반적인 칭호인 『이자李子』라 하지 않고 『노자老子』라 한 점, 게다가 사마천이 밝힌 노자의 후손과 족보로 보아도 보통 사람의 수명보다 지나치게 장수하였으며 모두가 고령으로 살아야 가능한 기간으로 정리되어 있다. 따라서 그의 나이와 도가 본연의 종지로 보아 이는 한 사람이 아닐 가능성이 높다고 여기고 있다. 그리고 반半 종교적 수양이나 언론을 견지하며 사는 무리의 우두머리를 그저 '노자老子'라 불렀을 가능성이 있다. 이에 근거하여 사마천이 거론한 노자는 그 중 하나였을 뿐이며 여러 대수代數 중 당시의 노자였을 것이라 보고 있다. 그리고 공자가 만나 예禮를 묻고 감탄한 노자도 공자 당시의 노자였을 뿐이며, 함곡관을 넘어 영원히 은거하여 숨고자 한 노자, 즉 함곡관의 관윤자가 만나 글로 써줄 것을 요구하자 상하 도덕에 관한 내용 5천여 자를

써 주었다는 노자도 그 중 하나였을 것이다. 결국 노자는 한 사람이 아니며 더구나 은일隱逸과 초연超然함을 목표로 세상을 살다 가겠다고 한 자가 그토록 구체적인 사적을 남기려 들지도 않았을 가능성이 있다.

《史記》老子傳

老子者, 楚〈苦縣厲鄕曲仁里人也, 姓李氏, 名耳, 字聃, 周守藏室之史也.

孔子適周, 將問禮於老子. 老子曰:「子所言者, 其人與骨皆已朽矣, 獨其言在耳. 且君子得其時則駕, 不得其時則蓬累而行. 吾聞之, 良賈深藏若虛, 君子盛德, 容貌若愚. 去子之驕氣與多欲, 態色與淫志, 是皆無益於子之身. 吾所以告子, 若是而已.」

孔子去, 謂弟子曰:「鳥, 吾知其能飛; 魚, 吾知其能游; 獸, 吾知其能走. 走者可以爲罔, 游者可以爲綸, 飛者可以爲矰. 至於龍吾不能知, 其乘風雲而上天. 吾今日見老子, 其猶龍邪!」

老子脩道德, 其學以自隱無名爲務. 居周久之, 見周之衰, 迺遂去. 至關, 關令尹喜曰:「子將隱矣, 彊爲我著書.」於是老子迺著書上下篇, 言道德之意五千餘言而去, 莫知其所終.

或曰: 老萊子亦楚人也, 著書十五篇, 言道家之用, 與孔子同時云.

蓋老子百有六十餘歲, 或言二百餘歲, 以其脩道而養壽也.

自孔子死之後百二十九年, 而史記周太史儋見秦獻公曰:「始秦與周合, 合五百歲而離, 離七十歲而霸王者出焉.」或曰儋卽老子, 或曰非也, 世莫知其然否. 老子, 隱君子也.

老子之子名宗, 宗爲魏將, 封於段干. 宗子注, 注子宮, 宮玄孫假, 假仕於漢孝文帝. 而假之子解爲膠西王卬太傅, 因家于齊焉.

世之學老子者則絀儒學, 儒學亦絀老子.「道不同不相爲謀」, 豈謂是邪? 李耳無爲自化, 清靜自正.

2. 《노자老子》

노자老子의 글을 《노자老子》라 한다. 이는 선진제자학先秦諸子學에서 '자子'는 당연히 학술계통의 선생님에 대한 존칭이다. 제자백가의 모든 인물은 한결같이 선생님의 성씨에 「자子」를 붙여 공자孔子 맹자孟子 순자荀子 장자莊子 열자列子하는 식으로 호칭을 삼았다. 그리고 그들의 가르침이나 어록 등을 스스로 자술自述하거나 제자들이 추술追述하였을 경우 그 책을 역시 「~자子」라 불렀다. 따라서 《노자》란 제자학의 입장에서 부르는 책이름이다. 이 《노자》라는 책은 겨우 5천여 자(통계에 의하면 5748자, 혹은 5467자)밖에 되지 않는다. 이는 《사기》에 의하면 "주나라 정치가 쇠함을 보고 드디어 은거할 뜻을 품고, 관關(함곡관)에 이르자 마침 함곡관의 수문장 윤희尹喜가 '장차 은거해 버리고 나면 더 이상 뵐 수가 없으니 억지로라도 저를 위하여 글을 써 주십시오'라 하여 이에 상하편上下篇 도덕道德에 관계된 뜻 5천여 자를 써주고 떠났다"라는 것이 책이 이루어지게 된 경위의 전부이다. 이에 따라 「관령윤희關令尹喜」라는 자가 편집한 것이라 추론을 펴게 되었다. 한편 이 「관령윤희」는 환연環淵이 아닌가 하며, 그 「관령윤희」라는 말도 해석이 분분하여 관윤희關尹喜, 윤희尹喜 등으로 호칭이 달라지기도 하였다.

3. 《도덕경道德經》

사마천은 《사기》에서 이미 "상하편上下篇, 도덕지의道德之意(상하편으로 도와 덕에 관한 것)"라 하여 상하로 나누어져 있으며 도道와 덕德에 관한 뜻이라고 체제와 내용을 언급하였다. 그에 따라 원래 여타 제자와 마찬가지로 《노자》라 불리던 서명이 한漢 경제(景帝: B.C. 156~B.C. 141 재위) 때 《도덕경道德經》으로 고쳐진 것으로 알려져 있다. 그러나 이것이 위진魏晉 시대에 이르러 현학玄學이 흥성하여 《노자老子(道德經)》가 《장자莊子》, 《주역周易》과 더불어 「삼현학三玄學」으로 자리를 잡아 활발한 연구가 시작되었다. 이에 왕필王弼은 《노자주老子注》를 내었으며, 하안何晏은 《도덕론道德論》을 지어 일세를 풍미하기도 하였다.

한편 당대唐代에 이르러 동한東漢 때 성립되었던 도교道教가 아주 흥성하게 되자 현종玄宗 천보(天寶: 742~755) 연간에는 《장자》를 《남화진경南華眞經》으로 (742년), 《열자》를 《충허지덕진경冲虛至德眞經》으로(742년) 함과 아울러 《노자 도덕경》도 《도덕진경道德眞經》으로 모두 「진경眞經」의 위치에 자리잡아 도교 삼경三經으로 확정되었다. 한편 이 《도덕경》을 최초로 분장分章을 하고 아울러 각 장마다 '장제章題'라 하여 두 글자씩으로 제목을 붙인 이는 동한東漢 때 하상공 河上公이다.

따라서 《노자》와 《도덕경》은 근본적으로는 같다. 다만 《노자》라 하였을 때는 도가道家의 제자학술사상서諸子學術思想書의 의미가 강하며, 《도덕경道德經(眞經)》 으로 불렀을 때는 도교의 종교 경전으로 부르는 명칭이다.

Ⅲ. 문체와 사상 및 역대 연구

1. 문체와 사상

5천여 자밖에 되지 않는 노자의 언론은 역대 이래 수백만 언들의 주석注釋과 풀이를 낳았다. 실로 이렇게 많은 언어로 풀어도 다함이 없는 글이 세상에 있을까 싶다. 단순히 "영구불변의 도를 하나의 원리로 하여 추상적이고 현묘玄妙한 체계로 압축하여 표현했다"고 여기기에는 너무나 어렵고 현원玄遠하여 구체적인 사례를 들어 검증해낼 수가 없었기 때문이다. 게다가 다른 제자의 문장은 대체로 장편의 산문散文임에 비하여 이 글은 운문韻文이 주를 이루고 있으며 수려한 댓구對句와 극단적인 말아끼기 형태를 띠고 있고, 극부정極否定을 통하여 긍정肯定을 유도하는 화법을 쓰고 있다. 그리고 결여사缺如辭를 있는 대로 활용하여 문학적인 수사법 修辭法은 어디에 짝을 찾을 수 없는 문체이다. 그런가 하면 문법 구조나 문장 체제조차 제대로 갖추지 않아 난해하기 이를 데 없다. 이를테면 제 41장의 "대기만성 大器晚成"은 지금 우리는 물론, 중국어에서조차 그저 "큰 그릇은 늦게 이루어진다" 로 여기며 일상생활에 사용하고 있으나, 노자 책에서 이를 앞뒤 댓구로나 문법, 그리고 중국어 특유의 쌍성첩운雙聲疊韻의 호훈互訓, 노자 본연의 사상 면에 비추어 보면 전혀 그러한 뜻일 수가 없다. 즉 "대방무우大方無隅, 대기만성大器晚成, 대음희성 大音希聲, 대상무형大象無形"을 뜯어보면 세 구절은 한결같이 "큰 모는 귀퉁이가 없다. 큰 음은 소리가 없다. 큰 형상은 형태가 없다"로 「수식어＋주어＋보어＋술어」 의 구조로 되어 있으며 이렇게 해석을 함에 아무런 무리가 없다. 그러나 유독 '대기만성大器晚成'만이 「수식어＋주어＋부사어＋술어」의 구조가 된다. 따라서 이것 역시 앞의 구조와 같아야 한다. 바로 만晚자는 이미 죽간본竹簡本에는 만曼 으로, 백서본帛書本에는 면免으로 되어 있어서 우리 음으로 읽어도 [미으로 첫소리가 시작됨을 알 수 있으며 이는 곧 뜻이 '무無(없다)'였던 것이다. 이는 앞의 '희希'자가

'미未'와 첩운疊韻을 이루고 이 '미未'자는 다시 '무無'와 쌍성을 이루어 '희希'도 역시 '없다'의 뜻이 된다. 이처럼 '만晩'과 '무無'는 쌍성 관계로 호훈되는 중국어 특유의 대입법인 것이다. 이에 대하여는 이미 진주陳柱 같은 이도 주장을 하였고 (余培林《新譯老子讀本》) 필자도 여러 논문에 음운학音韻學과 성운학聲韻學의 입장에서 밝힌 바 있다.(林東錫〈雙聲疊韻考〉등 참조)

이처럼 노자의 문장은 단순한 상식 어법을 뛰어넘고 있어, 드러난 표현만으로는 어느 하나 도저히 그 뜻을 이해했다고 단정할 수 없는 것이 대부분이다.

한편 노자의 사상을 표현하는 도道, 덕德, 박樸, 현玄, 허虛, 무無, 충沖, 유柔, 약弱, 곡谷, 계谿, 적자赤子, 영아嬰兒, 빈牝, 자雌, 수水, 무위無爲, 곡신谷神, 백곡왕 百谷王, 기棄, 절絶, 홀황惚恍, 황홀恍惚, 관觀, 귀歸, 청淸, 정靜, 소素, 모母, 명名, 반反, 복復과 같은 어휘 역시 일반 상식의 언어 개념에서 너무 멀고 구체성을 요구하지 못한다. 이에 역대 연구는 이루 헤아릴 수 없이 많을 수밖에 없었고, 앞으로도 영원히 한계없는 길道처럼 계속될 것으로 보인다.

2. 역대 연구와 주석

청대淸代〈사고전서四庫全書〉에는 석가류釋迦類 다음에 도가류道家類를 차례로 삼아, 《노자도덕경老子道德經》(漢 河上公), 《도덕지귀론道德指歸論》(漢 嚴遵), 《노자 도덕경老子道德經》(魏 王弼), 《노자해老子解》(宋 蘇轍), 《도덕보장道德寶章》(宋 葛長庚) 《도덕진경주道德眞經注》(元 吳澄), 《노자익老子翼》(老子考異, 明 焦竑), 《어주도덕 경주御注道德經注》(淸 世祖), 《노자약설老子說略》(淸 張爾岐), 《도덕경주道德經注》 (淸 徐大椿) 등을 수록하고 있으며, 그밖에 도교道敎와 신선사상神仙思想의 책을 이 부류에 귀속시키고 있다.

이《노자》의 판본板本으로는 백서(帛書, 비단에 쓴 것) 갑본甲本과 을본乙本이 최초이며, 갑본은 한漢 고조高祖 유방劉邦을 피휘避諱하지 않은 것으로 보아 그 이전에 베긴 것이며, 을본은 유방은 피휘하였으나 혜제(惠帝, 劉盈)와 문제(文帝, 劉恒)는 피휘하지 않은 것으로 보아 그 사이에 나온 것으로 보고 있다. 그리고 모두 2편으로 나누기는 했지만 을본은 끝에 덕德(3041자)자와 도道(2426자)자를 표시하여 총 5467자로 되어 있고 분장은 하지 않았다. 이것을 한대漢代 하상공 河上公이 81장으로 나누고 1장부터 37장까지를 도경道經, 그 38장부터 81장까지를 덕경德經으로 하였으며, 각 장마다 장의 제목章題를 붙였다. 즉 〈도경道經〉은 체도(體道, 1), 양신(養身, 2), 안민(安民, 3), 무원(無源, 4), 허용(虛用, 5), 성상(成象, 6), 도광(韜光, 7), 이성(易性, 8), 운이(運夷, 9), 능위(能爲, 10), 무용(無用, 11), 검욕(檢欲, 12), 염치(猒恥, 13), 찬현(贊玄, 14), 현덕(顯德, 15), 귀근(歸根, 16), 순풍(淳風, 17), 속박(俗薄, 18), 환순(還淳, 19), 이속(異俗, 20), 허심(虛心, 21), 익겸(益謙, 22), 허무(虛無, 23), 고은(苦恩, 24), 상원(象元, 25), 중덕(重德, 26), 교용(巧用, 27), 반박(反樸, 28), 무이(無爲, 29), 검무(檢武, 30), 언무(偃武, 31), 성덕(聖德, 32), 변덕(辨德, 33), 임성(任成, 34), 인덕(仁德, 35), 미명(微明, 36), 위정(爲政, 37)이다.

그리고 〈덕경德經〉으로 논덕(論德, 38), 법본(法本, 39), 거용(去用, 40), 동이(同異, 41), 도화(道化, 42), 편용(徧用, 43), 입계(立戒, 44), 홍덕(洪德, 45), 검욕(儉欲, 46), 감원(鑑遠, 47), 망지(忘知, 48), 임덕(任德, 49), 귀생(貴生, 50), 양덕(養德, 51), 귀원(歸元, 52), 익증(益證, 53), 수관(脩觀, 54), 현부(玄符, 55), 현덕(玄德, 56), 순풍(淳風, 57), 순화(順化, 58), 수도(守道, 59), 거위(居位, 60), 겸덕(謙德, 61), 위도(爲道, 62), 은시(恩始, 63), 수미(守微, 64), 순덕(淳德, 65), 후기(後己, 66), 삼보(三寶, 67), 배천(配天, 68), 현용(玄用, 69), 지난(知難, 70), 지병(知病, 71), 애기(愛己, 72), 임위(任爲, 73), 제혹(制惑, 74), 탐손(貪損, 75), 계강(戒强, 76), 천도(天道, 77), 임신(任信, 78), 임계(任契, 79), 독립(獨立, 80), 현질(顯質, 81)이라 한 것이다.

그리고 위魏나라 때 왕필王弼의 《노자주老子注》는 81장으로 나누었을 뿐 각 장에 제명도 붙이지 않았고, 당초唐初 부혁傅奕이 교정한 《도덕경고본편道德經 古本篇》은 송대宋代 사수호謝守灝의 《혼원성기混元聖紀》에 의하면 당시까지 있었던 여러 본을 근거로 부혁이 교감校勘하고 정리한 것이라 한다.

지금 전하는 《노자》 판본은 한초漢初 백서본帛書本 외에도 상당히 많다. 그 중 석각본石刻本은 14종이며 당唐 태종太宗 때 우세남虞世南의 《석각노자石刻老子》가 가장 이른 것으로 보고 있다. 그 외에 목각본木刻本으로는 송대宋代 판본인 《노자도덕경하상공장구老子道德經河上公章句》가 가장 이른 것이며, 이는 상무인서관商務印書館 〈사부총간四部叢刊〉(初編)에 영인 수록되어 있다. 그리고 명明 정통正統 연간에 간행된 《도장道藏》에는 한漢 위魏 당唐 송宋 금金 원元 명明의 각종 주석본 41종이 실려 있다. 그런가 하면 1973년 장사長沙 마왕퇴馬王堆 한묘漢墓에서 출토된 《백서노자帛書老子》는 상편上篇이 덕편德篇으로, 하편下篇이 도편道篇으로 바뀌어져 있다.

　그 밖의 연구목록은 고명高明의 《백서노자교주帛書老子校注》와 주겸지朱謙之의 《노자교석老子校釋》(이상 모두 新編諸子集成)을 참고하기 바란다.

老子道經卷上

河上公章句第一

體道第一

欽定四庫全書

道可道【謂經術政教之道也】非常道【非自然長生之道也常道當以無為養神無事安民含光藏暉滅迹匿端不可稱道】名可名【謂富貴尊榮高世之名也】非常名【非自然常在之名也常名當如嬰兒之未言赤子之未孩綿綿若存無形故不可名也】無名天地之始【無名者謂道道無形故不可名也始者道本也吐氣布化出於虛無為天地本始也】有名萬物之母【有名謂天地天地有形位陰陽有剛柔是其有名也萬物母者天地含氣生萬物長大成熟如母之養子也】故常無欲以觀其妙【妙要也人常能無欲則可以觀道之要要謂一也一出布名道讚之無欲者長存也】常有欲以觀其徼【徼歸也常有欲之人可以觀世俗之所歸趣也】此兩者【兩者謂有欲無欲也】同出而異名【同出者同出人心也而異名者所名各異也名無欲者長存名有欲者亡身也】同謂之玄【玄天也言有欲之人與無欲之人同受氣於天】玄之又玄【天中復有天也稟氣有厚薄得中和滋液則生賢聖得錯亂污辱則生貪淫也】眾妙之門【能知天中復有天稟氣有厚薄除情去欲守中和是謂知道要之門戶也】

養身第二

天下皆知美之為美【自揚己美使顯彰也】斯惡已【有危亡也】皆知善之【有功名也】為善斯不善已【人所爭也】故有無相生【見有而為無也】難易相成【見難而為易也】長短相形【見短而為長也】高下相傾【見高而為下也】音聲相和【上唱下必和也】前後相隨【上行下必隨也】是以聖人處無為之事【以道治也】行不言之教【以身帥導也】萬物作焉而不辭【各自動作不辭謝而逆止】生而不有【元氣生萬物而不有】為而不恃【道所施為不恃望其報也】功成而弗居【功成事就退避不居其位】夫唯弗居【夫惟功成不居其位】是以不去【福德常在不去其身也】

欽定四庫全書

安民第三

不尚賢【賢謂世俗之賢去質樸而尚文飾也】使民不爭【不爭功名返自然也】不貴難得之貨【言人君不御好珠玉棄於山捐於淵也】使民不為盜【上不貪貨財下則不為盜竊】不見可欲【放鄭聲遠美人】使心不亂【不邪淫其心】是以聖人之治【說聖人治國與治身同也】虛其心【除嗜欲去亂煩】實其腹【懷道抱一守五神也】弱其志【和柔謙讓不處權也】強其骨【愛精重施髓滿骨堅】常使民無知無欲【反樸守淳】使夫知者不敢為也【思慮深不敢妄言】為無為【不造作動因循】則無不治【德化厚百姓安】

《老子道德經》漢，河上公(撰) 四庫全書(文淵閣) 子部 道家類

道德指歸論卷一

漢　嚴遵　撰

說目

莊子曰唯予言之作地變化所由道德為母効列

道天地陶冶經配大下經配地陰道八陽道九以陰

行陽故七十有二首以陽行陰故分為上下以五行八

故上經四十而更始以四行八故下經三十有二而終

矣陽道奇陰道偶故上經先而下經後陽道大陰道小

故上經衆而下經寡陽道左陰道右故上經覆來下經

覆往反覆相過淪為一形冥冥混沌道為中主重符列

驗以見端緒上經為門上經為戶智者見其幾効則通

乎天地之數陰陽之紀夫婦之配父子之親君臣之儀

萬物敷矣

上德不德篇

天地所由物類所以道為之元德為之始神明為宗太

和為祖道有深微德有厚薄神有清濁和有高下清者

為天濁者為地陽者為男陰者為女人物稟受有多

少性有精粗命有長短情有美惡意有大小或為小人

或為君子變化分離剖判為數等故有道人有德人有

於斯莊子曰虛無為開導萬物謂之道人清靜因應

仁人有義人有禮人敢問彼人何行而名號殊謁以至

無所不為謂之德人蕉愛萬物博施無窮謂之仁人理

名正實處事之義謂之義人謙退辭讓敬以守和謂之

禮人凡此五人皆樂長生尊厚德貴高名任其聰明道

其所長歸其所安趨騖馳或否或然變化殊方建號

萬差德有優劣世有盛衰風俗異民命不同故或有

洭泮玄寞而無名或濛溷芒芒而稱皇或汪然溶沉而

稱帝或廓然昭昭而伯非伯王或遠通參差而稱伯而

言者也然而伯非伯王非王帝非帝而皇非皇而

有非有而無非無千變萬化不可為計重累億萬不可

為名何以明之夫易姓而王封於泰山禪於梁父者七

十有二君其有形兆坼埒髣髴不可識者不可稱言此

《道德指歸論》漢，嚴遵（撰）　四庫全書（文淵閣）　子部　道家類

老子道德經上篇

魏　王弼　注

一章　案河上公注本此為體道章　今依張之象所錄王注原本

道可道非常道　名可名非常名

可道之道可名之名指事造形非其常也故不可道也可名也

無名天地之始有名萬物之母

凡有皆始於無故未形無名之時則為萬物之始及其有形有名之時則長之育之亭之毒之為其母也言道以無形無名始成萬物以始以成而不知其所以玄之又玄也

故常無欲以觀其妙　案永樂大典此句上無故字

妙者微之極也萬物始於微而後成始於無而後生

故常有欲以觀其徼

常有欲以觀其徼

徼歸終也凡有之為利必以無為用欲之所本適道

而後濟故常有欲可以觀其終物之徼也

此兩者同出而異名同謂之玄玄之又玄眾妙之門

兩者始與母也　同出者同出於玄也異

名所施不可同也在首則謂之始在終則謂之母玄

者冥也默然無有也始母之所出也不可得而名故

不可言同名曰玄而言謂之玄者取於不可得而謂

之然也謂之然則不可以定乎一玄而已則是名則

失之遠矣　案此二句疑有脫誤　故曰玄之又玄也眾妙皆從同

而出故曰眾妙之門也

二章　案河上公注本此為養身章

天下皆知美之為美斯惡已皆知善之為善斯不善已

故有無相生難易相成長短相較　案本俱作形陸德明經典釋文作較蓋

高下相傾音聲相和前後相隨

美者人心之所進樂也惡者人心之所惡疾也美惡

猶喜怒也善不善猶是非也喜怒同根是非同門故

《老子道德經》魏，王弼(注)　四庫全書(文淵閣)　子部 道家類

欽定四庫全書

老子解卷上

宋　蘇轍　撰

道經

道可道章第一

道可道非常道

莫非道也而可道不可常惟不可道而後可常耳今

夫仁義禮智此道之可道者也然而仁可以為義

而禮不可以為智可道之不可常也惟不可道然後

在仁為仁在義為義禮智亦然彼皆不常而道常不

名可名非常名

變不可道之能常如此

道不可道而況可得而名之乎凡名皆其可道者也

名既立則圓方曲直之不同不可常矣

無名天地之始有名萬物之母故常無欲以觀其妙常

有欲以觀其徼

自其無名形而為天地天地位而名始矣自其有名

欽定四庫全書　老子解 卷上　一

播而為萬物萬物育而名不可勝載矣故無名者道

之體而有名者道之用也聖人體道以為天下用入

於衆有而常無將以觀其妙也體其至無而常有將

以觀其徼也若夫行於徼而不知其妙則麤而不神

留于妙而不知其徼則精而不變矣

此兩者同出而異名同謂之玄

以形而言有無信兩矣安知無運而為有有復而為

無未嘗不一哉其名雖異其本則一知本之一也則

玄矣凡遠而無所至極者其色必玄故老子常以玄

寄極也

玄之又玄衆妙之門

言玄則至矣然猶有玄之心在焉玄之又玄則盡矣

不可以有加矣衆妙之所從出也

天下皆知章第二

天下皆知美之為美斯惡已皆知善之為善斯不善已

故有無相生難易相成長短相形高下相傾音聲相和

欽定四庫全書　老子解 卷上　二

《老子解》宋，蘇轍(撰) 四庫全書(文淵閣) 子部 道家類

道德寶章

宋 葛長庚 撰

體道

道○可道非常道 可名非常名

如此可說即是即非常道　不如此即名曰強名　可名非常名之謂

道已而已 是道無中不同 道即名天地之始 天地之初即是有　一生二三生萬物

無名天地之始 有名萬物之母

非也無名　是道　萬物之母一無一生萬　有故常無　虛心欲以觀其妙

故常無欲以觀其妙 常有欲以觀其徼 此兩者

萬有一無一無一　同出而異名　萬法歸一　同謂之玄　道非　虛東藏真空　妙知道見心　常有抱一　欲以觀其徼　心無生死此兩者

妙知物知道 身有生死

常有守中 無中生有 眾妙之門 入用之

玄之又玄 虛　道自歸之 人能悟中此　眾妙之門 入用之

無窮

養生章

天下皆知美之為美 斯惡已

求名為美　不得皆知善之為求

皆知善之為善 斯不善已

人善斯不善已　反為惡人　故有無之相生

故有無之相生 難易之相成

道本無形　有必歸無　難易之相成　天地相成　先難後難　長短之相形

長短之相形 高下之相傾

地特先　先易俊難　高下之相傾　住即旋

相成 音聲之相和 萬籟皆鳴

無高卑　音聲之相和　一風所鳴　前後之相隨

前後之相隨 束今即古

往古即今

安民章

不尚賢 使民不爭

不尚賢　為子富孝　使民不爭　飽不思食　不貴難得之貨

不貴難得之貨 使民不為盜

為臣富忠　意如他　不貴難得之貨　黃金與土　使民心不亂

使民不為盜 使民心不亂

心無他　其目之間　欲其心在為　使心不亂

是以聖人之治 虛其心 實其腹

是以聖人之治　虛其心　實其腹

其骨●常使民無知無欲 使夫智者●不敢為也

其骨　常使民無知無欲　使夫智者　不敢為也　弱其志強

弱其志 強其骨

為無為 則無不治

為無為　則無不治

無源章

道○沖而用之 或不盈 淵兮似萬物之宗

道　沖而用之　或不盈　淵乎似萬物之宗　心挫其

挫其銳 解其紛 和其光 同其塵 湛兮似

銳神解其紛止　和其光　藏心於心　同其塵　混於物　湛兮似

若存 吾不知誰之子 象帝之先○

若存　存於無　吾不知　誰之子　象帝之先

虛用章

天地不仁 以萬物為芻狗

天地不仁　心無　以萬物為芻狗　自然聖人不仁

聖人不仁

地特無　以天地之　無高卑　心為心也

道德真經註卷一

元　吳澄　撰

道經上篇之首句曰道可道故以道字名篇尊之
為一書之總名而曰經他本或作道德經上
則是以道德經而分上下篇也

道可道非常道可名非常名

道猶路也可道可踐行也常常久不變也若謂如德也
可名可指定也道本無名字之曰道而已若謂如道

路之可踐行而道則非此常而不變之道也德雖有
名強為之名而已若謂如名物之可指定而名則非

此常而不變之德也
可道去聲而道同　強其兩則切

無名天地之始有名萬物之母

無名者道也天地亦由此道而生故謂之始有名者

德也萬物皆由此德而生故謂之母

故常無欲以觀其妙常有欲以觀其徼

常即常道常名之常常無欲謂聖人之性寂然而靜

者此道之全體所在也而於此可以觀德之妙其指
德言妙以道言妙者猶言至極之善常有欲謂聖人
之情感物而動者此德之大用所行也而於此可以

觀道之徼其指道言徼以德言徼者猶言邊際之處

孟子所謂端是也
徼古弔切

此兩者同

此兩者謂道與德同者道即德德即道也

出而異名同謂之玄

玄者幽昧不可測知之意道中出而異其名故

不謂之道而謂之德雖異其名然德與道同謂之玄

則不異也

玄之又玄眾妙之門

眾妙謂德門謂由此而出德與道雖同謂之玄道則

玄之又玄者故道迺德之所由以出也共妙之妙

也妙之合而為一本者眾妙之妙德也妙之分而為

萬殊者

《道德真經註》元，吳澄(撰) 四庫全書(文淵閣) 子部 道家類

上篇

明　焦竑　撰

道可道非常道名可名非常名無名天地之始有名萬
物之母故常無欲以觀其妙常有欲以觀其徼此兩者
同出而異名同謂之玄玄之又玄衆妙之門

程俱論

天地之始元曰大道邊有小路曰徼丁易東云以無名
與有名為讀老子又曰道常無名物或以無名
與有欲以觀其妙是或以無名無常
無有正指老子為證據老子以讀老子曰此語則於常無
又曰常無欲以讀老子曰常有斷句可以為也然則
莊子為證據老子以讀老子曰小是又不當以
莊子為證據老子以讀老子曰可名之
以無欲可也道行可之常名則聖人之立言至於
西方之聖人其密其所示見設為象之名則不可道
狀中國曰教若夫聖人所示為垂者三演為分者十二
也命之曰經若夫聖人祖唐於庚憲文武之訂詩書禮樂之
之中國曰教若夫聖人傳唐於教則示其可道與不可名者
不可名之者也故老子所以著五千之文將逃者則示天下
之曰命之曰經若夫其所以著五千之文猶履之非迹將
不可名之者也故老子所以言猶履之之文命與
逃者則示天下迪後世與

蘇子由注

莫非道也而可道不可常惟不可道而後可常也今夫
仁義禮智此道之可道者也然而仁不可以為義而禮
不可以為智可道而不可常如此而道常無名者
而道常然而後仁義禮智皆不足以名之矣
不可道者常道不可名者常名也夫常道不變而
不用於衆而萬物自形而萬物自名而道無名
下用也故聖人之體道用其無以觀其妙用其有以觀其徼
有與無一也而衆人莫知其一而道無將以觀其妙
神留於妙而不知其徼則精而不變以形而
有將以觀其徼則散而不精以形而常有
妙徼一也而衆人莫知其一以形而有

吕吉甫注

凡天下之道其可道者莫非道也而有時乎非常
名雖異其色必有一知未之前則玄矣雖極之於玄而
猶者其玄之心在焉玄之又玄則玄矣妙之言玄妙
妙之所從出也

道可名也然有時乎非常名也凡天下之名其可名者莫非
名也而非常名也故曰道常無名道常而無名則天地
根而不有物我守去之夫孰知道之常無名者
則而常道常也故曰及其天地之名不去不始也
謂常道常也故天地之所自而道不始不去是故
則而常道常則可名之名不去不始也故
國而有名者道也及今其有名天地之名不去不始是故
回而可得無天地之始一之所起有無一而未有形也既謂
之回而可得無天地之始太初之所起有無一而未有形也既謂
之回而可得無名之始則一之亦

《老子翼》明，焦竑(撰)　四庫全書(文淵閣)　子部　道家類

御定道德經註上篇

大學士成克鞏恭纂

第一章

道可道非常道｜上道字為制行之道可道行之之名也非常道言道之不變之道也

名可名非常名｜上名字為名器之名名可名之可名也非常名言名之不變之名也

無名天地之始｜無名者道也道之所以生天生地也

有名萬物之母｜有名者名也名之所以化生萬物也故常無

故常無欲以觀其妙｜常無者道之常也觀者道之妙也

常有欲以觀其徼｜常有者法之常也徼者道之邊際也此兩者謂有無也兩者同出於道而時

此兩者同出而異名｜其名同謂之玄凡天下之言可以制行者其色必玄玄則玄又不足

同謂之玄｜玄者至友為眾妙之所從出玄則玄又不足

玄之又玄眾妙之門｜以玄為名以至玄之名眾妙之門

凡天下之可以立言者名也名可名而其形容無形可名故此始於此即無形無色

此微心於至道而時其微妙為至道之五常者之百行無物不有以無為者...以其微妙為至道之五常

體而無心無外於此始於此始無形無色無其形故此得道者內觀其心心於

判而不然是謂常有蓋道有以其道之邊際以非無為道者蓋世之可以制行時異其名且蓋世

不照不為無二物也同出此道而出皆自然以非無為道者彼皆分別執著而不知有渾融故

有為者亦有道無為者彼皆分別執著而不知有渾融故

第二章

天下皆知美之為美斯惡已｜真美不可知也皆知

善之為善斯不善已｜真善不可知也即非善矣即非美矣皆知

故有無相生｜天下之物生於有無難易相成以為難則難又至易故相生

難易相成｜有長有短見有長而後見有短高下相傾者自以高為高為歸高聲音

長短相形｜形有長而後見有短之彼前後相隨我者則有為前乎是以聖人處無為之事道由於無為而行

高下相傾｜相和而唱而此和之之彼前後相隨我者則有為前乎是以聖人處無為之事道由於無為而行

音聲相和｜我者則有後乎是以聖人處無為之事道由於無為而行

前後相隨｜是以聖人處無為之事道由於無為而行

是以聖人處無為之事｜不言之教以常名不行於言不言之教而萬物作焉而不辭

行不言之教｜辭謝禁生而不有止也不言之教而萬物作焉而不辭不辭作備動也

萬物作焉而不辭｜生而不有不自以為德為而不恃以為有能功成

生而不有｜而不居居以為目夫惟不居是以不去是以謂處也

為而不恃｜不去居以為目夫惟不居是以不去是以謂處也

功成而不居｜老子五千言上可以通於妙下可以通於散以之修之則身治以之治國則國治以之治天下則天下治此三者此章言性情以修身此章言性情之所謂美善必具此章言性情之所謂善必具

夫惟不居｜常道於此即是治國之事以修身以通情為美必具

是以不去｜晦生於此三者此章言性情以通情為美善必具

凡天下於此美善如此何也異善之者何情使然也夫人之性大同而情則異以此好惡相縛而恩怨無主則美生善生知善無主

真美生於此真善如此何也異善之者何情使然也夫人之性大同而情則異以好惡相縛而恩怨無主

異善之者真美之名己從天下美皆善生知善無主

為善而善以之名己從天下美皆善生知善無主

無對者有無之相生難易之相成長短之相形高下相

相傾音聲之相和前後之相隨有其一未有其無

老子說畧卷上

濟陽張爾岐　撰

上篇

道可道非常道名可名非常名無名天地之始有名萬
物之母故常無欲以觀其妙常有欲以觀其徼此兩者
同出而異名同謂之玄玄之又玄衆妙之門　徼音

道之可得而道者非常道也常道不可得而道也常

道不可得而道又可得而名乎名之可得而名者亦

非常名也夫此不可得而名者乃天地之所自

始既有天地乃有可名此有可名者實萬物所從生

之母也道之自無而有如此故聖人之體道也常體

其無將以觀其無之妙不離乎有將以觀其有之徼

有無兩者相為體用本非有二也特異名耳無者固

玄也有者亦非跡同謂之玄也玄不足以盡之殆玄

而又加玄焉此玄玄之中萬理備具豈非衆妙之門

乎

可道之道與中庸自道之道同人之所可循以為行

者也

或於常無欲常有欲絕句欲猶意也情也蓋言無意

之時觀道之妙有意之時觀道之徼愚謂言無欲故

非無欲方無意則非有欲何以云常無欲常有欲故

斷從有無絕句

徼如邊徼之徼物之盡處也朱子云如邊界相似說

那應接處盡處必有相承接底如下章美惡

善不善之類人於此處必方可處事

蘇子由曰凡逺而無所至極者其色必玄故老子常

以玄寄極也

朱子曰玄只是深逺而至於黑窣窣地處那便是衆

妙所在

此篇全書之綱領後凡言道體者皆觀其妙也常道

玄也有者也凡言應事者皆觀其徼也非常道也有

也無名者也

道德經註卷上

　　吳江　徐大椿　撰

上經

道可道第一

道可道非常道

常者本無之謂也道本無名指為道者非道也道非道體常道常道者本無之謂也道本無名必指一定當名之物名之則無以道名之者乃必有生而井不得以無名之者乃為真道也

名可名非常名

然也名之名必一定當名之物名之則無以道名之者乃為真道也

無名天地之始

地之始一物之可見則無天地之前混混穆穆即所以生天地之始有名則由此而立而萬物遂由此而生於有名故曰有名萬物之母

有名萬物之母

道之名宣道之本體手此二句乃全經之大旨見道之不可以言語形容而人當以意會之也

故常無欲以觀其妙

言此則常無所不包常有欲以觀其徼觀體道者觀之也道未見之始其名有欲之見動成形而道即所以觀之也時庭空洞微妙又無所不見其靈機迅發也乃發機之處而從有所從出蓋既有名曰異名之乃見之乃見此為有也異名一名為無一名為有也

常有欲以觀其徼

觀體道者觀之也道未見端之始

此兩者同出而

異名

又寂然不足觀之乃見之乃見此為有也異名一名為無一名為有也

同謂之

玄之又玄衆妙之門

玄淵微難象之名能生之上更玄淵微難象之名也有生而無之上更有不得以玄名不得以玄名之玄即有虚之妙道也之故曰又玄妙之門謂有無所出入之處不可言也雙萬化皆從此出而無窮盡矣

天下皆知第二

天下皆知美之為美斯惡矣皆知善之為善斯不善矣

知有其美與其善必有其不美至不善相形而見非相形而見故有無相生而後見有難而後見為易

故有無相生

凡智皆謂之聲蓋出以相應長短相形有長之音而後有音

難易相成

見易而後見為易

長短相形

有長之音而後見短

高下相傾

見高而為下

音聲相和

凡智皆謂之聲蓋出以相應長短相形者謂之音而後有音

前後相隨

美斯惡知善斯不善之義也是以聖人處無

是以聖人處無

為之事

聖人知美斯惡見不言之故難有事而不見美美斯之迹有事而不以言不明美善之理而起與起從子聖之理而後萬物作焉而不辭

行不言之教

而不以

萬物作焉而不辭

善之理萬物作焉而不辭不辭謂不翱絕出之有

生而不有

言不理萬物作焉而不辭生而

不有

不為私養之而不有為而不恃

為而不恃

不為萬物成而不恃未嘗有所

功成而弗居

居不為萬物成而不恃未嘗有所

夫惟弗居是以不去

夫惟弗居是以不去言聖人雖不有所為然能其實

不尚賢第三

不尚賢使民不爭

爭之所由起以上之有所尚也尚賢則民皆退其賢者而思刻嫉妬之心

晉　王弼　注

一章　崇河上公注本此爲體道章今依張之象所錄王注原本

道可道非常道可名非常名

可道之道可名之名指事造形非其常也故不可道
不可名也

無名天地之始有名萬物之母

凡有皆始於無故未形無名之時則爲萬物之始及
其有形有名之時則長之育之亭之毒之爲其母也
言道以無形無名始成萬物以始以成而不知其所
以玄之又玄也

故常無欲以觀其妙　句上無故字此

妙者微之極也萬物始於微而後成始於無而後生
故常無欲空虛可以觀其始物之妙

常有欲以觀其徼

徼歸終也凡有之爲利必以無爲用欲之所本適道

欽定四庫全書　老子道德經　上篇　二

而後濟故常有欲可以觀其終物之徼也

此兩者同出而異名同謂之玄玄之又玄衆妙之門

兩者始與母也　同出者同出於玄也異

名所始與母也　永樂大典
母作無誤

名所施不可同也在首則謂之始母之所出也不可名故

者冥也默然無有也始母之所出也不可得而謂

不可言同名曰玄而言謂之玄者取於不可得而謂

之然也則不可以定乎一玄而已則是名則

失之遠矣　此二句疑有脫誤

故曰玄之又玄也衆妙皆從同
而出故曰衆妙之門也

二章　崇河上公注本此爲養身章

天下皆知美之爲美斯惡已皆知善之爲善斯不善已

故有無相生難易相成長短相較　明經典釋文作較蓋

用網本　高下相傾音聲相和前後相隨

美者人心之所進樂也惡者人心之所惡疾也美惡

猶喜怒也善不善猶是非也喜怒同根是非同門故

不可得而偏舉也　據原本無而字今據永樂大典校補　此六者皆陳自

《老子道德經》魏，王弼(注) 乾隆御覽〈四庫全書薈要〉本 子部 道家類

大學士成克鞏恭纂

第一章

道可道　非常道　名可名　非常名　無名天地之始　有名萬物之母　故常無欲以觀其妙　常有欲以觀其徼　此兩者同出而異名　同謂之玄　玄之又玄　衆妙之門

第二章

天下皆知美之為美　斯惡已　皆知善之為善　斯不善已　故有無相生　難易相成　長短相形　高下相傾　音聲相和　前後相隨　是以聖人處無為之事　行不言之教　萬物作焉而不辭　生而不有　為而不恃　功成而弗居　夫惟弗居　是以不去

《御定道德經》清, 順治 13년(1656) 世祖章皇帝(愛新覺羅 福臨)의 御定本.
乾隆御覽〈四庫全書薈要〉本 子部 道家類

老子道經

河上公章句第一

體道第一

道可道 謂經術政教之道也 非常道 非自然長生之道也常道當以無為養神無事安民含光藏暉滅跡匿端不可稱道

名可名 謂富貴尊榮高世之名也 非常名 非自然常在之名也常名當如嬰兒之未言雞子之未分明珠在蚌中美玉處石間內雖昭昭外如愚頑

無名天地之始 無名者謂道道無形故不可名也始者道本也吐氣布化出於虛無為天地本始也

有名萬物之母 有名謂天地天地有形位有陰陽有柔剛是其有名也萬物母者天地含氣生萬物長大成熟如母之養子也

故常無 妙要也人常能無欲則可以觀道之要要謂一也一出布名道讚叙明是非也

欲以觀其妙 妙要也人常能無欲則可以觀道之要

常有 常有欲之人可以觀世俗之所歸趣也

欲以觀其徼 徼歸也常有欲之人可以觀世俗之所歸趣也

此兩者

四部叢刊

老子道德經

《老子道德經》漢, 河上公(章句)〈四部叢刊〉本 初編 子部'書同文'電子板本 北京

〔上德不德，是以有德。下德不失德，是以无〔德。上德无〔為，〕而〕
无以為也。上〔无〕為之，〔而无〕以為也。而
上禮〔為之而莫之〕應也，則〕攘臂而乃〔扔〕之。故失道〔而后德，失
德而后仁，失仁而后義，〔失義而后禮。夫禮者，忠信之泊〔薄〕也，而
亂之首也。前識者，道之華也，而愚之首也。是以大丈夫居其厚
而不〔居〕其泊〔薄〕，居〔其實而不居其華〕。故去皮〔彼〕取此。

昔之得一者，天得一以清，地得〔一〕以寧，神得一以靈〔靈〕，浴〔谷〕
得一以盈，侯〔王得一以為天下正。〕其至〔之〕也，　天毋已清將恐
〔裂〕，胃〔謂〕地毋〔已〕寧將恐〔發〕，胃〔謂〕神毋已靈將恐
歇，胃〔謂〕浴〔谷〕毋已盈將恐渴〔竭〕，胃〔謂〕侯王毋已貴〔以高將
恐〔蹶〕。故必貴而以賤為本，必高〔矣〕而以下為基。夫是〔以〕侯
王自胃〔謂〕孤寡不橐〔穀〕，此其〔以賤之本與，非也〕。故致數與无

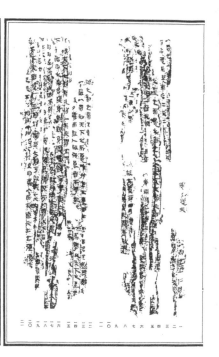

《老子》甲本(1973 馬王堆 출토 帛書) 殘卷과 釋文. 〈續修四庫全書〉本 子部 道家類

重符列驗以見端緒下經為門上經為戶
智者見其經効則通乎天地之數陰陽之
紀夫婦之配父子之親君臣之儀萬物數
矣嚴君平者蜀郡成都人也姓莊氏故

世之真人也

生西漢中葉其嚴莊亦古本之通語君平上
莊子東漢章和間班固作漢書避明帝

道德真經指歸卷之七

蜀郡嚴遵字君平撰　谷神子註

上德不德是以有德下德不失德
德也其德遠也是以無為也而無不
為功也下德為之而有以為也上仁
為之而無以為賢聖上義為之而有
則攘臂而仍之　故失道而後德失
德而後仁失仁而後義失義而後
禮禮者忠信之薄而亂之首
前職者　道之華而愚之始是
以大丈夫處其厚不處其薄
處其實不居其華去彼取此
指歸天地所由物類所以道之元德為
之始神明為宗太和為祖道有深微德有
厚薄神有清濁和有高下清者為天濁者
為地陽者為男陰者為女人物稟受有
多少性有精粗命有長短情有美惡意有
大小或為小人或為君子變化分離剖判
為數等故有道人有德人有仁人有義人

《道德真經指歸》漢，嚴遵(撰)〈續修四庫全書〉本　子部　道家類

道德眞經傳卷之一

吳郡陸希聲傳

經道可道非常道名可名非常名無名天地之始有名萬物之
母故常無欲以觀其妙常有欲以觀其徼此兩者同出而異名
同謂之元元之又元眾妙之門

傳天道者體也名者用也夫用因體生而體本無用也道
以體當用耳以體當用則用非道之常故曰非常道也者道
道本無名也名者用之變非名之常故曰非常名也夫
立而名者體之變非可道之道可道之名何則常道常不可
常道常名者非可道之道可道之名何則常道常不可
道不可名惟知體用之說乃可元通其極耳然則體道者王

順物之理也用名者希適物之變也順理通變而不及其上
者王故上得之為神中得之為聖下得之為哲偏得之為賢
才無所得為眾人所謂无名者道之體道之體動靜之先也
道之用為善惡之元也體為本故能雜動靜原之則天地之
始也名因立故有名者行有名守之則皇者守
无名而帝者行有名守之則皇者守
之而无以觀其妙妙者道之用守以清靜故曰常
无欲以觀其徼徼者道之帝者適物之
雙因其有欲而行以照理微妙元通者之
照事理殊塗同歸者也即无名者也能知
之術也同於體而異於用者也元也者事理俱照者也能知

經天下皆知美之為美斯惡已皆知善之為善斯不善已故有
无之相生難易之相成長短之相形高下之相傾音聲之相和
前後之相隨是以聖人處无為之事行不言之教萬物作而不
辭生而不有為而不恃功成而弗居夫唯弗居是以不去

傳夫人之所謂美惡皆於情以適情為美逆情為惡以至
善不善亦然兩美者未必美兩惡者未必
善而不善者未必不善如此者何情使然也夫人之性大同

而其情則異以殊其之情外感於物是以好惡相緣美惡無
主將何以正之哉在乎復性而已何則情之所生必由於性
故聖人化情復性而至于大同而謂有无之相生者情性也
情性之相因猶難易之相成也夫為治者以情亂性則難成
以性正情則易成所謂長短之相形高下之相傾音聲之相
猶高下之相傾也所謂音聲之相和者善不善之相奪成
相資猶先後之相隨也所謂先生化其情善惡者因已信而
不善者吾亦因之使善信者因不信者吾亦因
不治萬物莫得反性聖人將使其性先化其情善惡者因已
信之使信故用无棄物教无棄人使善人在物无惡在人无不善
而天下不治者未之有也易曰其道甚大百物不廢此之謂

未有如斯經之妙也後之解者甚多得其全
者至寡各隨所見互有得失通性者造全神
之妙道於命或有未至達命者得養生之要
訣於性或有未盡殊不知性命兼全道德一
致爾霖自幼及壯諷誦玄言以待有司之問
今已老矣欲討深義以修自己之真自慶毫
荒難測聖意全取諸家之善斷以一己之善
非以啓迪後學切要便於檢閱目之曰取善
集覽者幸勿誚焉饒陽居士李霖序

道德真經取善集卷之一

宋　饒陽居士　李霖　集

御註道者人之所共由德者心之所自得
道者亘萬世而無弊德者充一性而常存
老子當周之末道降而德衰故著書九九
篇以明道德之常而謂之經其辭簡其旨
遠學者當默識而深造之

道可道章第一

道可道非常道名可名非常名

嚴遵曰可道之道道德彰而非自然也今
之行者晝不操燭為日明也夫日明者不
道之道常也操燭者可道之道彰也夫著
於竹帛鏤於金石可傳於人者可道之道
也若乃可傳而不可受可得而不可見自
本自根未有天地自古以固存神鬼神帝
生天生地者常道之道也五千六之蘊發
揮自此數言實謂玄之又玄神之又神也
王元澤曰名生於實實有形數形數既具
衰壞隨之其可常乎性體此不常乃真常
也

《道德真經取善集》宋，李霖(編)〈續修四庫全書〉本　子部　道家類

老子鬳齋口義上

儒 齋 林 希逸

道可道章第一

道可道非常道名可名非常名無名天地之始有名萬
物之母常無欲以觀其妙常有欲以觀其徼此兩者同
出而異名同謂之玄玄之又玄眾妙之門
此章盡一書之大旨皆於此其意蓋以
為道本不容言繮涉言皆是第二義常者不變也
易之謂也可道可名則有變有欲不可道不可以為名則
無變無易有仁義禮智之名則仁者不可以為義禮

老子鬳齋口義發題

王導謝安何曾得老子妙處又曰伯夷微似老子又曰
三聖人多說莊老未足盡莊老實處然川川甚諸篇亦
未嘗不與之但以其借論之語皆為揩撐實言之所以未
免有所眩謊也此從來一宗未了欵若研先推尋得
其初意其所謂千載而下知其辭者旦暮遇之也

愛於誕說不足以明其書而吾儒又指以異端幸其可
非而非之亦不復考其前後註解雖多往往皆病
於此獨穎濱起而明之可謂得其近似而文義語脉未
能盡通其間窒礙亦不少且謂老子多與佛書合此卻不
然莊子宗老子者也其言實異炎炎老子故其自序以生
與死與為千具見天下篇所以多合於佛書若老子所
謂無為而自化不爭而善勝時有太過耳伊川曰老氏谷神
特矯世憤俗之辭時有太過耳伊川曰老氏谷神一章
最佳胡文定曰老氏五千言如我無事我好靜我無為只三
實皆至論也朱文公亦曰漢文帝曹參只得老子皮膚

若不可以為智有春夏秋冬之名則春者不可以為
夏秋者不可以為冬是則非常道非常名矣天地之
始太極未分之時也其在人心則寂然不動之地太
極未分則安有春夏秋冬之名寂然不動則安有仁
義禮智之名故曰無名天地之始者非也
專言天地也所以謂此心之喻也既有陰陽之名則
千變萬化皆由此而出此有名萬物之母者也
自此而有兩故曰此老子教人究竟虛虛與人世之間件
件是有誰知此有自無而始若以為無則又有所謂

《老子鬳齋口義》宋, 林希逸(撰)〈續修四庫全書〉本 子部 道家類

老子道德經古本集註上　宜蕃邵氏

前光祿壽昌學教　南嶽壽昌觀友謙果范應元集註直解

道可道章第一

不知老氏應運說經垂世立教始與標
名故以道可道章為首

道可道非常道

道者自然之理萬物之所由也　韓康伯云天
也通也○可道者謂
可言也常者父也道一師已有體用焉未

常父之道自然而然萬物得之以生而

有不得其體而知其用者也必先體立然
後用有以行老氏說經先明其體常者言
其體也可道者言其用也體用有一源非
二道也今夫仁義禮智可言者也皆道之
用也人徒知惻隱之心仁之端也羞惡之
心義之端也辭讓之心禮之端也是非之
心智之端也而不知其體不知其體則是
分裂四出末流不勝其弊夫惟先知其體
之一則日用常行隨事著見无有不當皆
自然之理也如是則然後父而无弊矣故

凡道之可以言者非常父自然之道也夫
常父自然之道有而无形无而有精其大
无外故大无不包其小无內故細无不入
无不通也求之於吾心之初則得之矣人
物莫不由此求生聖賢莫不體此得之矣
此道雖周行乎事物之際相傳乎典籍之
中而其妙處事物莫能離言辭莫能交故
人鮮造詣於是老子應運垂教不得已而
發明之既發明之豈容離乎言哉故首言
道可道非常道意欲使人知常父自然之

蘇子由曰莫非道也而可道者
道不在言辭當及求諸已而自得之於吾
心之初也
不可常臨不可道而後可常介乎夫仁義
禮智此道之可道者也然而仁不可以為
義禮不可以為仁義禮不常而道常不變不
可道然後在智彼皆道之在仁為義義在禮為
禮在智為智彼皆道之常如此
道之能常如此

名可名非常名

名者猶人之有名也凡名之可以名字者

道德玄經原旨卷之一

教門高士當塗杜道堅註

經曰道可道非常道名可名非常名無名天
地之始有名萬物之母常無欲以觀其妙常
有欲以觀其徼此兩者同出而異名同謂之
玄玄之又玄衆妙之門

原旨曰天群物之祖道天之祖天不言道
何可言可言非道歟曰不可道不可名自
然之天常而不變先天也可道可名生物
之天變而不常後天也于以見天地始萬
物徼妙有無又玄衆妙包括大造化之
元殆無餘矣觀常無之妙觀無名之始
觀無名之母則見無極太極也觀常有之
徼則見有名之母之母則見兩儀
萬物也此兩者本同于始出於母而異其
名兩之又兩之則見玄之又玄衆妙之門
也生物之天由此大著自然之天隱然長
存形而上形而下天此道吾此道不言
言此之名已不勝衆矣假多言哉天不
言聖人亦欲無言惜哉高言不止於衆人

之心至言不出俗旨勝也是以聖人不言
終不容於不言當時玄聖西遊關令尹喜
知其大道將隱強為著書不得已而言曰
道可道非常道名可名非常名關尹子曰
道不可道不可道即道正為此道解也天
地定位其間二氣復合為一是謂沖和沖
和具太極之體為生化之根三才立而人
道興焉書曰惟天地萬物父母惟人萬物
之靈自常無以上言天道以下言人道人
能觀天道而修人道未有不入聖人之域
者也陰符經曰觀天之道執天之行盡矣
常無先天也觀妙則見固有之常惟天
後天也觀徼則見不亡之吾在原其始則
無形而生有形要其終則有形而歸無形
觀諸日用常行事物之去來吾心之動靜
曾不外乎此道也此兩者同出一道而異
其名同此道也此玄玄也二一而二二而一也玄
之似無而有又玄似有而無衆妙萬物也
門有出入之義萬物出於機而入於身
具天地心具太極知而未嘗生未嘗死也

《道德玄經原旨》元，杜道堅(撰)〈續修四庫全書〉本 子部 道家類

老子集解上　　　　大甯居士薛蕙

道經

道可道非常道名可名非常名無名天地之始有名萬物之母故常無欲以觀其妙常有欲以觀其徼此兩者同出而異名同謂之玄玄之又玄衆妙之門

右第一章

天下皆知美之為美斯惡矣皆知善之為善斯不善矣

老子本義 上篇

邵陽魏源著

道可道非常道名可名非常名無名天地之始有名萬物之母故常無欲以觀其妙常有欲以觀其徼此兩者同出而異名同謂之元元之又元眾妙之門

溫公欲以無名天地之始有為句無欲以觀其妙為句王安石蘇轍皆以名為有字以馬氏易乃以無名無名同字易河上公諸家皆以名字句上有字句無為句老子曰道常無為又云無名之樸老子書凡言有無皆道正指此語然老子書中言有無者非一此指元之又云常無欲可名於小吳澄皆以此兩句為句亦通

老子本義 卷上 一

避舍堂蓋

至人無名懷真韜晦而未嘗語人非秘而不宣也道固未可以言語顯而名迹求者也及迫關尹之請不得已著書故鄭重於發言之首曰道至難言也使可擬議而指名則有一定之義而非無往不在之真常矣非真常者而執以為道則言仁而害仁尚義而害義襲而安可常乎老子言道必曰常曰元蓋道無而已弊而指其無之實而元妙則常妙之無也故老子眞常者指其無之實而元妙則贊其妙之無也故老子見學術日歧滯有溺迹思以真常之弊之道救之故首戒人執言說名迹以為道恐其無所營識因以天

地萬物之理指示之猶恐其不親切也復即人心無欲有欲時返觀之又恐其歧有無為二也而後以同謂之元渾徹於妙總括之凡書中所言道體者皆觀其妙也凡言應事者皆觀其徼也惟夫心融神化與道為一而至於玄之又玄則眾徼之間無非眾妙。凡言守雌言不爭言慈儉言柔弱種種眾妙皆從此常無中出矣故曰眾妙之門蓋可道可名者五千言之所具也其不可言傳者則在體道者之心得焉其全書大恉總括於此所謂言有宗事有君也。○吳氏澄

老子本義 卷上 二

曰首章總言道德二字之恉無名者道也有名者德也老子之意蓋以虛無為天地之所由以為天地者莊子所謂建之以常無有也以氣化為萬物之所得以為萬物者莊子所謂主之以太一也故其道其德之一本者眾妙之妙道也德以虛無自然為體柔弱不盈為用德之妙微言物之盡處也晏子云微者德之歸列子云死者猶樂記感於物而動性之欲也德之欲微妙之妙道也妙微言德之歸列子云微者德之徼皆指盡處而言蓋無欲之為無不待言惟方

《老子本義》清，魏源(撰)〈續修四庫全書〉本　子部　道家類

老子章義

上篇

道可道非常道名可名非常名無名天地之始有名萬物
之母故常無欲以觀其妙常有欲以觀其徼此兩者同出
而異名同謂之玄玄之又玄眾妙之門

天下皆知美之為美斯惡已皆知善之為善斯不善已故
有無相生難易相成長短相形高下相傾聲音相和前後
相隨是以聖人處無為之事行不言之教萬物作焉而不
辭生而不有為而不恃功成而不居夫
唯不居是以不去

不尚賢使民不爭不貴難得之貨使民
不為盜不見可欲使心不亂是以聖人之治虛其
心實其腹弱其志強其骨常使民無
知無欲使夫知者不敢為也為無為則無不治

道沖而用之或不盈淵兮似萬物之宗挫其銳解其紛
和其光同其塵湛兮似或存吾不知誰之子象帝之先

《老子章義》清，姚鼐(撰)〈續修四庫全書〉本 子部 道家類

〈老子像〉(太上老君) 元, 趙孟頫 그림

차 례

ⓢ 부록

〈老子像〉

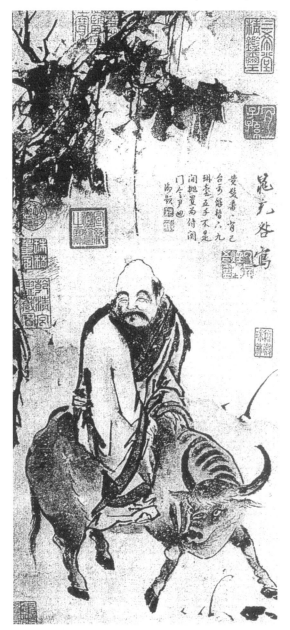

〈老子騎牛圖〉宋, 晁補之(그림)

〈老子騎牛圖〉 明, 馬路(그림)

太上老君

老子

〈老子騎牛圖〉《三才圖會》

〈李耳〉(老子) 夢谷 姚谷良(그림)

《帛書老子》1973 湖南 長沙 馬王堆 3호 西漢 漢墓에서 출토(부분)

001 제1장
이름지을 수 없는 도

도道란 말로 표현할 수 있는 것이라면 항구불변의 본연의 도[常道]가 아니다.

이름[名]도 그 개념을 설정해 놓을 수 있는 것이라면 이는 항구불변의 본연의 이름[常名]이 아니다.

무無, 즉 태초의 아무 것도 없음이란 천지 만물이 시작됨을 말하는 것이요,

유有, 즉 형상화 된 있음이란 세상 만물의 어머니[母, 생육]를 일컫는 것이다.

따라서 영원한 없음[常無]을 통하여 묘한 이치를 보고자 하라.

그리고 영원한 있음[常有]을 통하여 밝은 원리를 보고자 하라.

이 두 가지는 출발점은 같으나 서로 표현하는 이름이 다를 뿐이며, 둘 모두 똑같이 현묘함[玄]이라 부른다.

현묘하고 또 현묘하니 모든 묘함이 끊임없이 드나드는 문門이다.

道可道, 非常道;
名可名, 非常名.

無, 名天地之始;
有, 名萬物之母.
故常無, 欲以觀其妙;
常有, 欲以觀其徼.

此兩者, 同出而異名,
同謂之玄.

玄之又玄, 衆妙之門.

〈車馬圖〉漢代 畫像石

【道】 우주만물의 근원, 본체. 정신의 실체, 만물 변화의 규율과 원칙. 형이상학적인
원리.
【常道·常名】 항구불변의 고정된 도와 항구불변의 고정된 명칭.
【徼】 밝다(皎)의 뜻이나 흔히 "광대하여 끝이 없음"으로 보고 있다.
【無, 名·有, 名】 王弼은 「有名」, 「無名」으로 보았고, 宋代 王安石 이후로는 흔히
「無, 名~; 有, 名~」으로 보았다.
【常無·常有】 常無는 만물의 영원한 원시 상태. 常有는 만물의 불변하는 근본적인
도를 뜻한다고 함.

002 제2장
공이 이루어지면 물러난다

천하 사람들이 모두 아름다운 것을 아름답다라고 알고 있다면 이는 추악한 것이다.

천하 누구나 모두 훌륭한 것을 훌륭한 것이라고 단정짓는다면 이는 실제로 훌륭한 것이 아니다.

있음[有]과 없음[無]은 서로 생겨나게 하고,
어려움[難]과 쉬움[易]은 서로 이루어 주며,
긴 것[長]과 짧은 것[短]은 서로 형태를 이루어 주며,
높은 것[高]과 낮은 것[下]은 서로 기울어 기대게 해주며,
나는 소리[音]과 내는 소리[聲]는 서로 조화를 이루어 주며,
앞[前]과 뒤[後]는 서로 따르는 것이다.

이 까닭으로 성인聖人은 아무런 작위를 하지 않음[無爲]을 자신이 처할 바로 여기며,
말없는 가르침을 자신의 행동으로 삼는다.

만물이 모두 자신에게서 생겨나도록 하면서도 자신의 일이라 말하지 아니하며,
만물이 생겨나게 하고서도 이를 소유하려 들지 아니하며,
이들을 위하면서도 이를 믿고 뽐내지 아니하며,
공이 이루어지고 나면 그 자리에 있으려 하지 아니한다.

이렇게 그 이루어 놓은 자리를 자신의 것이라 여기지 않기 때문에, 사라짐이 없이 영원히 그 존재가 있게 되는 것이다.

天下皆知美之爲美, 斯惡已.
　皆知善之爲善, 斯不善已.

　故有無相生,
　　難易相成,
　　長短相形,
　　高下相傾,
　　音聲相和,
　　前後相隨.

是以聖人處無爲之事,
　　行不言之教.

萬物作焉而不辭,
　　生而不有,
　　爲而不恃,
　　功成而不居.

　　夫唯弗居, 是以不去.

【無爲】아무런 作爲를 하지 않음. 作爲·人爲에 상대되는 말. 자연의 순리에
맡겨둠.

어진 이를 숭상하지 않으면
백성에게 다툼이 없다

똑똑하다는 자를 숭상하지 않으면 사람들로 하여금 자신도 똑똑해지겠다는 다툼을 없애 주는 것이 되며,

얻기 어려운 재화를 귀히 여기지 않으면 사람들로 하여금 그런 물건을 가지려는 도둑의 욕심을 없애 주는 것이 되며,

욕심낼 만한 것들을 눈앞에 보여주지 않으면 사람들이 혼란한 마음이 일어나지 않는다.

이로써 성인이 행하는 다스림이란
그 마음을 비우게 하되,
그들의 기본 욕구인 배는 채워주며,
그들의 뜻(잘하고자 하는 욕심)은 약하게 하되,
그들의 육체를 지탱하는 뼈는 강하게 해준다.

항상 백성들에게 알 것도 없고 욕심낼 것도 없다고 여기게 하되,
지혜로움을 자랑하는 자에게는 무엇을 해보겠다는 욕심을 감히 부리지 못하게 한다.

아무것도 작위하지 않음[無爲]을 해야 할 일로 삼는다면 다스려지지 않을 것이 없다.

不尚賢,　使民不爭;
不貴難得之貨,　使民不爲盜;
不見可欲,　使民心不亂.

是以聖人之治,
虛其心,
實其腹,
弱其志,
强其骨.

常使民無知無欲.
使夫智者不敢爲也.
爲無爲,　則無不治.

莊子漁父篇句
無所浮聞至教敢不虛心
又老子句聖人治虛其心實
其腹壬申之書丘堂

丘堂 呂元九(현대)

【尙賢】 세속의 현(쟁명)을 숭상함. 자연스러움에 상대되는 말.
【弱其志】 일체 智力을 내고자 함을 줄이고 약화시킴.

老子 59

004 제4장
도는 사람을 다치지 않는 그릇이다

도道라는 그릇은
텅 비어 있으나 그 비어 있음이 하는 일이란 끝이 없고 대단하다.
깊기가 마치 천하 만물의 종주[宗]와 같도다.

그 날카로운 것은 결국 닳아 무디어 꺾이게 마련이요,
뒤엉킨 실타래는 끝내 풀리고 말 것이며,
눈을 찌르는 광채도 마침내 부드러워질 것이며,
세상 티끌 속이라 해도 거리낌없이 함께 살 수 있으며,
잠겨 보이지 않으나 마치 드러나 그대로 있는 것과 같다.

나는 그것이 누구에게서 생겨났는지 알지 못하지만, 그러한 원리는
아마 조물주보다 먼저 있었던 것이 아닌가 한다.

道沖,
而用之或不盈.
淵兮似萬物之宗;

挫其銳,
解其紛,
和其光,
同其塵,
湛兮似或存.

〈驅馬圖〉 漢代 畫像石

吾不知誰之子, 象帝之先.

【沖】 충(盅)의 가차자로 비워져 있는 그릇을 뜻함.
【同其塵】 티끌 세속에 아무런 구애를 받지 아니하고 함께 함.
【帝】 天帝, 조물주.

005 제5장
천지의 인은 치우침이 없다

우주 만물의 천지天地는 어짊을 가지고 있지 않다. 그저 세상 만물을 풀로 엮은 강아지[芻狗]로 여길 뿐이다.

성인도 어느 한 쪽으로 치우쳐 어짊을 베풀지는 않는다. 자신이 다스리는 백성을 그저 풀로 엮은 강아지쯤으로 여길 뿐이다.

천지 사이의 이 공간의 작용은
마치 대장간 풀무[橐籥]와 같도다!

그 공간은 텅 비어 있지만 그 작용은 그쳐본 적이 없고,
움직일수록 더욱 많은 것이 생성된다.

말이 많으면 궁색함이 자주 사람을 괴롭게 한다. 그래서 중간[中]을 그대로 지키는 것이 최상의 방법이다.

天地不仁, 以萬物爲芻狗;
聖人不仁, 以百姓爲芻狗.

天地之間,
其猶橐籥乎!

虛而不屈,
動而愈出.

多言數窮, 不如守中.

【芻狗】 옛날 무당이 굿을 할 때 풀로 개의 형상을 만들어 사용하였으며, 굿이
끝나면 아낌없이 폐기하였다 함. 여기서는 아까움을 느끼지 않고 버림을 비유함.
【橐籥】 대장간에서 쓰는 풀무. 텅 빈 공간에서 만물을 녹이는 변화를 내뿜음의
뜻.
【數窮】 자주 궁함을 만남. 궁함이 잦음.

006 제6장
곡신谷神은 죽지 않는다

곡신谷神은 죽지 않으니
이를 일러 현빈(玄牝, 현묘한 암컷)이라 한다.
그 현묘한 암컷의 문을 일러
천지의 뿌리[天地根]라 한다.

면면히 이어져 마치 겨우 있는 듯하나,
그 작용과 쓰임은 영원히 끝이 없다.

谷神不死, 是謂玄牝.
玄牝之門, 是謂天地根.

緜緜若存, 用之不勤.

【谷神】 골짜기는 비어 있어 무엇이든지 수용함을 뜻하며, 神은 미묘하여 헤아릴
수 없는 신비함을 일컫는 말. 여기서는 그러한 개념을 일컫는 명사로 쓰였음.
혹은 만유생성의 여성 자궁과 성기를 뜻한다고도 함.
【玄牝】 헤아릴 수 없는 창조력을 뜻함. 玄은 현묘함, 牝은 암컷으로 생명창조를
말함.
【不勤】 勤은 盡과 같음. 다함이 없음을 말함.

〈驅馬圖〉 漢代 畫像石

시공時空은 영원하다

하늘과 땅은 시간이나 공간으로 보아 영원무궁하다.

하늘과 땅이 이처럼 끝없고 영원할 수 있는 이유는
그 하늘과 땅이 자기 자신을 만들어 내거나 자기 자신이 무엇을
형상해 내지 않기 때문이다.
이 까닭으로 장생長生할 수 있는 것이다.

이로써 성인은 그 이치에 따라 자신을 세상만물보다 뒤로 하는 것으로써
자신이 먼저 할 일로 삼으며,
자신을 그러한 영역 밖에 있도록 하는 것으로써 자신의 존재를 삼는
것이다.

이것이야말로 사사로움을 없애는 진정한 방법이 아니겠는가?
그러므로 사실은 자신의 사사로움을 능히 이루어내는 것이다.

天長地久.

天地所以能長且久者,
　　以其不自生,
　　故能長生.

是以聖人後其身而身先,
　　外其身而身存.
　　非以其無私耶?
　　故能成其私.

【天長地久】 천지 우주는 시간과 공간에 있어서 長久함을 말함.

〈車騎圖〉 漢代 畫像石

008 제8장
물과 같은 훌륭한 선

훌륭한 선善은 마치 물이 가지고 있는 성질과 같다.

물이란 만물을 이롭게 함에 그만한 것이 없건만 자신의 능력을 다투지 아니하며,
뭇사람들이 싫어하는 그 어떤 낮은 곳이라도 흘러든다.
그 때문에 도에 가까운 것이다.

이렇게 선한 땅에 거하며,
마음은 깊은 못[淵]처럼 가지며,
어진 이[仁]와 함께 하기를 좋아하며,
말에는 믿음을 심어 주고,
다스림에는 바르게 함을 주로 삼으며,
일에는 능력을 깊이 헤아리며
움직임에는 알맞은 때를 택한다.

무릇 다툼이란 없이 하니, 그 때문에 탓할 거리가 하나도 없다.

上善若水.

水善利萬物而不爭,
　處衆人之所惡,
　　故幾於道.

　　居善地,
　　心善淵,
　　與善仁,
　　言善信,
　　正善治,
　　事善能,
　　動善時.

夫唯不爭, 故無尤.

【上善】 최상의 선, 최상의 훌륭함. 道를 뜻함.

채우려 들지 말라

가지고 있으면서 여기에 더 채우겠다고 나서는 것은 그쯤에서 그치는 것이 낫다.

다듬고 갈아서 더욱 날카롭게 하겠다고 욕심을 내었다가는 결국 그나마 길이 보전할 수 없게 된다.

금옥金玉이 집안에 가득히 채워져 있다 해도 이를 영원히 지켜낼 수는 없다.

부귀하면서 교만하게 굴면 결국 그 부귀는 사라지고 교만함이 자신의 허물로 남게 된다.

공이 이루어지면 몸은 물러나는 것은 하늘의 도이다.

〈舞樂紋〉 漢代 畫像磚. 四川 德陽 출토

持而盈之, 不如其已;
揣而銳之, 不可長保.

金玉滿堂, 莫之能守;
富貴而驕, 自遺其咎.

功成身退, 天之道.

【咎】 허물, 자연의 이치에 위배되는 행동이나 그 결과.

〈舞樂紋〉 漢代 畫像磚. 四川 德陽 출토

010 제10장
낳고 길러줌에 소유란 없다

혼백[營魄]은 하나로 마주 껴안고 꼭 붙잡고 있으면
분리되지 않게 할 수 있을까?
타고난 기氣를 오로지 하여 부드럽고 약하게 유지하면
능히 순진무구한 갓난아이처럼 될까?
마음 속의 현묘한 거울[玄覽]을 깨끗이 닦으면
전혀 흠이 없을 수 있을까?
나라를 사랑하고 백성을 다스리면서
아무런 작위作爲가 없이도 할 수 있을까?
우주 이치와 통하는 하늘 문을 열고 닫음에
능히 암컷처럼 유순히 할 수 있는가?
밝기가 사방에 통달함에
능히 지혜를 쓰지 않을 수 있는가?

낳고 길러줌에
낳되 소유하지 아니하며,
위하되 자신의 은혜라 뽐내지 아니하며,
길러주되 자신의 덕이라 주재主宰하지 아니하니,
이를 일러 현묘한 덕[玄德]이라 한다.

載營魄抱一, 能無離乎?
專氣致柔, 能嬰兒乎?
滌除玄覽, 能無疵乎?
愛國治民, 能無爲乎?
天門開闔, 能爲雌乎?
明白四達, 能無知乎?

生之畜之.
生而不有,
爲而不恃,
長而不宰,
是謂玄德.

【載】 발어사로 봄. 뜻이 없이 말을 시작할 때 내는 소리.

【營魄】 혼백, 육체에서 분리된 영혼. 혹은 육신과 혼백을 함께 일컫는 말이라고도
함.

【玄覽】 마음의 본체.

【雌】 암컷. 牝과 같음. 부드럽고 약하면서 안정감을 가지고 있음을 뜻함.

011 제11장
비어 있음에

수레는 30개의 바큇살[輻]이 하나의 바큇살이 모이는 원목[轂]을 공유하고 있다.
그러나 수레란 빈 공간이 있음으로 해서 수레로 쓸 수 있는 것이다.

흙을 빚어 그릇으로 만들되
그 그릇이란 빈 공간을 만들기 때문에 물건을 담을 그릇으로 쓸 수 있는 것이다.

문과 창문을 내어 집을 지음에
역시 집안을 공간으로 비워주기 때문에 집으로 쓸 수 있는 것이다.

그러므로 있도록 하는 것[有]은 이롭게 하기 위함이요,
없도록 비워둠[無]이란 쓰임으로 삼기 위함이다.

〈戲獸圖〉 漢代 畫像磚. 河南 洛陽 출토

三十輻, 共一轂,
　　當其無, 有車之用.

埏埴以爲器,
　　當其無, 有器之用.

鑿戶牖以爲室,
　　當其無, 有室之用.

故有之以利, 無之以爲用.

【輻】 바큇살.
【轂】 바퀴살이 모여 있는 중심 원목(圓木).
【埏埴】 부드러운 흙을 누르고 개어 그릇 따위를 만드는 것.
【戶牖】 戶는 문, 牖는 둥글게 만든 창문.

아름다움은 사람 눈을 멀게 하나니

색은 다섯 가지나 되어 사람의 눈을 멀게 하고,
음은 다섯 가지나 되어 사람의 귀를 멀게 하며,
맛은 다섯 가지나 되어 사람의 입맛을 모르게 한다.
마음껏 내달아 하는 사냥이라는 것이 있음으로 해서
사람의 마음을 발광하게 하며,
얻기 어려운 재화라는 것이 있음으로 해서
사람의 행동에 방해를 준다.

이 때문에 성인은 배[腹]를 채우면 그만일 뿐, 눈의 즐거움까지
요구하지는 않는다.
　그러므로 겉으로 드러난 것을 버리고 안의 원리를 취하는 것이다.

〈戱獸圖〉漢代 畫像磚. 河南 洛陽 출토

五色令人目盲;

五音令人耳聾;

五味令人口爽;

馳騁畋獵, 令人心發狂;

難得之貨, 令人行妨.

是以聖人爲腹不爲目, 故去彼取此.

【馳騁】말을 몰아 마구 내달음.
【腹】욕구가 있어도 직접 보지는 못함을 뜻함.

〈戰鬪圖〉 隋代 畫像磚 安徽 六安 東三十鋪 출토

013 제13장
내 몸으로 천하를 삼아

"총애나 모욕에는 놀란 듯이 하라.
큰 환난은 바로 내가 몸을 지니고 있는 듯이 하라."

어찌 총애나 모욕에 마치 놀란 듯이 하라고 일렀겠는가?
총애는 높은 것이요,
모욕은 낮은 것이니,
이를 얻었다 해도 마치 놀란 듯이 하며,
이를 잃었다 해도 마치 놀란 듯이 하라는 뜻이다.
이를 일러 총욕약경寵辱若驚이라 하는 것이다.

어찌하여 큰 환난은 내가 몸을 지니고 있음과 같이 하라 일렀는가?
내가 큰 환난을 만난 까닭은,
나에게 나를 위하는 몸이 있기 때문이다.
내 자신을 위할 몸이 없다면
나에게 무슨 환난이 있겠는가?

그러므로 내 몸 귀하게 여기기를 천하처럼 한다면
천하에 내 몸을 맡기듯이 할 수 있으며,
내 몸 아끼기를 천하처럼 한다면
천하에 내 몸을 맡기듯이 할 수 있는 것이다.

「寵辱若驚, 貴大患若身」.

何謂寵辱若驚?
　　　寵爲上,
　　　辱爲下,
　　得之若驚,
　　失之若驚,
　是謂寵辱若驚.

何謂貴大若身?
吾所以有大患者,
　　爲吾有身,
　　及吾無身,
　　吾有何患?

故貴以身爲天下,
　若可寄天下;
　愛以身爲天下,
　若可託天下.

【寵辱】총애와 모욕

014 제14장
보아도 보이지 않는 것

보아도 보이지 않는 것을 이夷라 하고,
들어도 들리지 않는 것을 희希라 하며,
만져도 잡히지 않는 것을 미微라 한다.
이 세 가지는 어떻게 따져볼 수도 없다.
그러므로 혼연히 하나[一]라는 것이 된다.

이 하나라는 위에 있어도 빛을 발하지 아니하고,
아래 있어도 어둡지도 않으며,
새끼줄처럼 꼬이고 꼬여 이름을 지을 수 없으며,
다시 아무 물건이 없음[無物]의 경지에 귀착한다.
이를 일러 모습이 없는 모습[無狀之狀]이라 하며,
물체가 없는 형상[無物之象]이라 하며,
이를 일러 홀황惚恍이라 한다.

맞이해 보아도 그 머리가 보이지 아니하고,
뒤따라도 그 뒷모습이 보이지 않는다.

그것은 옛날의 도를 잡고
지금 나타나 있는 모든 있음[有]을 조종한다.
옛날 그 시작을 알 수 있는 것,
이를 일러 도의 벼리[道紀]라 한다.

視之不見名曰夷；
聽之不聞名曰希；
搏之不得名曰微.
此三者不可致詰,
　故混而爲一.

　其上不皦,
　其下不昧,
繩繩不可名,
　復歸於無物.

是謂無狀之狀,
　無物之象,
　是謂惚恍.

迎之不見其首,
隨之不見其後.

　執古之道,
以御今之有.
　能知古始,
　是謂道紀.

【夷·希·微】 모두 고대 같은 운(韻)으로 이로써 이름을 삼은 것.

【惚恍】 恍惚, 芴芒, 沕望, 怳忽 등으로도 쓰며 모두가 雙聲, 혹 疊韻語로 '無象之象'의
경지를 일컫는 말이라 함.

【御今之有】 여기서의 有는 域, 國家의 뜻으로 봄.

【道紀】 도의 벼리. 도의 기본 紀綱.

〈屯墾圖〉(磚畫) 魏晉, 嘉峪關 戈壁灘 출토

《帛書老子》1973 湖南 長沙 馬王堆 3호 西漢 漢墓에서 출토(부분)

015 제15장
닳아야 새것이 생겨난다

옛날에 도를 잘 터득한 자는,
미묘현통微妙玄通하여,
그가 어느 정도의 깊이를 가지고 있었는지를 알 수 없다.

무릇 알 수 없기 때문에,
억지로 그 모습을 형용해 보겠다.

머뭇거리기를 마치 겨울 살얼음 냇물을 건너듯이 하며,
조심하기를 마치 사방 이웃이 침범해오면 어쩌나 두려워하듯 하며,
엄숙하기가 마치 손님이 되었을 때의 태도와 같이 하고,
취약하기가 마치 얼음이 장차 녹으려 하듯 하며,
돈독히 하기를 마치 다듬지 않은 나무등걸같이 하며,
텅 비워두기를 마치 골짜기같이 하고,
혼연하게 하기를 마치 흐린 물이 뒤섞여 있는 듯이 한다.

그러니 누가 능히 혼탁한 속에 고요로써 이를 서서히 맑게 하며,
누가 능히 가만히 있는 것을 움직여 서서히 생명이 있도록 하는가?

이러한 도를 보전하는 자는 가득 채우려 들지 않는다.
무릇 채우지 아니하기 때문에 능히 낡은 것의, 있는 그대로를 새것을
만드는 것으로 삼는 것이다.

古之善爲道者,
　　微妙玄通,
　　深不可識.

　夫唯不可識,
　　故强爲之容.

豫兮若冬涉川,
　猶兮若畏四鄰,
　儼兮其若客,
渙兮若冰之將釋,
　敦兮其若樸,
　曠兮其若谷,
　渾兮其若濁.

孰能濁以靜之徐淸?
孰能安以動之徐生?

　保此道者不欲盈.
夫唯不盈, 故能蔽而新成.

【渙】鬆脆散脫의 뜻. 그러나 깨끗하고 맑다는 뜻으로 풀이하기도 함.
【蔽】敝와 같음. 낡고 닳아 없어짐. 新의 상대되는 말.
【新成】새로운 것을 만드는 것으로 여김. 백서본에는 불성으로 되어 있음.
이 경우 "낡은 채로 있으면서 새로운 것을 생성하지 않음"의 뜻이 된다.

비어 있음의 극치

비어 있음의 극치에까지 이르러 보고,
고요함의 돈독함을 지켜내어라.

만물은 서로 어울려 생겨나는데
나는 그것이 제자리로 돌아가는 것임을 보고 있다.
무릇 만물이 아무리 무성하다 해도
각각 자신의 원래 뿌리로 되돌아간다.

자신의 뿌리로 되돌아가는 것을 고요[靜]라 하며,
이를 일러 본래의 명을 회복함[復命]이라 한다.

본래의 명으로 되돌아감을 일러 일상의 당연함[常]이라 하며,
이 일상의 당연함을 아는 것을 명明이라 한다.

〈武士圖〉 隋代 畵像磚 安徽 六安 東三十鋪 출토

일상의 당연함을 알지 못하면
마구 흉한 일을 저지르게 되고,
일상의 당연함을 알면
무엇이든지 포용하게 되고,
무엇이든지 포용하게 되면
공평[公]하게 되고,
공평하게 되면
온전해지며,
온전해지면
천(天, 자연)이 되는 것이요,
천은 곧 도道가 되며,
도는 영원히 오래간다.
그렇게 하면 몸이 죽을 때까지 위태함이 없으리라.

〈車馬出行圖〉 隋代 畫像磚 安徽 六安 東三十鋪 출토

致虛極,
守靜篤.

萬物並作,
吾以觀復.
夫物芸芸,
各復歸其根.

歸根曰靜,
是謂復命.

復命曰常,
知常曰明,

不知常,
妄作凶.
知常容,
容乃公,
公乃全,
全乃天,
天乃道,
道乃久.
沒身不殆.

【復命】 본성의 모습으로 되돌아 감.
【芸芸】 번성함 모습. 무성함.

地行不識名利和光蹧蹬方以高陽一酒徒逸性仙宴罷羅兒嘗遭澪瀉襟糊鉏尚襭

〈仙人圖〉(潑墨) 宋, 梁楷 그림. 臺北故宮博物館 소장

017 제17장
저절로 그렇게 되는 것

가장 높은 지도자란 아래 사람들이 그러한 통치자가 있다는 것만 알 뿐이며,
그 다음의 지도자는 그에게 친근함을 가지고 그를 칭찬한다.
그 다음의 지도자는 사람들이 그를 두려워하되 모욕한다.

통치자가 아랫사람에게 믿음을 주지 못하면
아랫사람들도 그를 믿지 않게 된다.

아득하도다! 그 말을 귀히 여겨야 하리라.
공이 이루어지고 일을 성공시켜 주었으니,
백성들은 모두
"우리는 저절로 그렇게 된 것"이라고 말한다.

〈演武圖〉 東漢 畫像磚

太上, 下知有之;
其次, 親之譽之;
其次, 畏之侮之.

信不足焉,
有不信焉.

悠兮其貴言.
功成, 事遂,
百姓皆謂:
「我自然.」

【太上】 도의 경지를 이루어 실천한 사람이나 지도자. 聖人. 단 「太上~侮之」까지
는 판본마다 문장이 조금씩 다르다.
【我自然】 스스로 그렇게 됨. 남의 作爲를 받은 것이 아님.

〈車騎圖〉 東漢 畫像磚

나라가 혼란해야 충신이 있게 된다

대도大道가 폐하자 인의仁義라는 것이 있게 되었고,
지혜가 나타나자 큰 속임이라는 것이 나타나게 되었다.

육친六親이 불화不和하자 효도와 자애라는 개념이 생겨났고,
국가가 혼란하자 충신이라는 것이 있게 되었다.

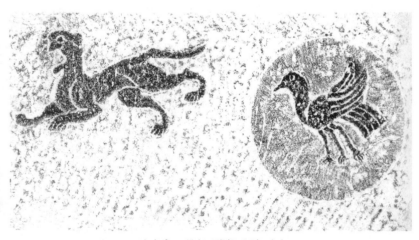

〈白虎와 三足烏〉(磚畫) 河南 出土

大道廢, 有仁義;
智慧出, 有大僞;

六親不和有孝慈,
國家昏亂有忠臣.

【大僞】 인간의 큰 작위. 僞는 智巧. 즉 속임을 불러오는 지혜의 욕구.

019 제19장
성스러움과 지혜로움을 버려야

성스럽다 함을 끊고 지혜롭다 함을 버리면
백성의 이익이 백 배가 될 것이요,
어질다 함을 끊고 의롭다 함을 버리면
백성이 다시 효도와 인자함을 회복할 것이다.
공교함을 끊고 이익을 버리면
도적이 있을 수 없게 된다.

이 세 가지는 그래도 사람이 꾸며서 만든 것[文]으로 아직은 부족하다.
그러므로 그들이 무엇에 뜻을 두어야 하는지를 정해주어야 한다.

즉, 그 소박함을 안아 이를 드러내어 보여 주고, 사사로운 욕망을
줄이고 덜어내어라.

〈挽馬圖〉 漢代 畵像磚. 四川 樂山 출토

絕聖棄智, 民利百倍;
絕仁棄義, 民復孝慈;
絕巧棄利, 盜賊無有.

此三者以爲文不足.
故令有所屬.

見素抱樸, 少私寡欲.

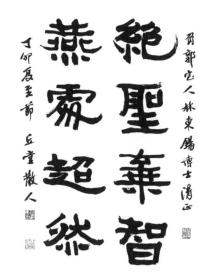

丘堂 呂元九(현대)

【文】사람이 꾸며서 만든 일체의 제도.
【見素抱樸】순진한 원래 바탕을 드러내고 이를 지킴.

020 제20장
학문을 끊고 나면 근심이 사라진다

학문이라는 것을 끊어버리면 근심이 없어진다.

공손히 예하고 대답하는 것[唯]과 거만하게 아阿하고 대답하는 것은 그 거리가 얼마나 되는가?
선하다고 하는 것과 악하다고 하는 것은 서로의 거리가 얼마나 되는가?

남이 두려워하는 바를 나도 두려워하지 않을 수 없다.

넓고 넓도다, 아직 가운데에 이르지 못함이여!
뭇사람들이 즐거워하여
마치 아주 성대한 잔치[太牢]를 누리듯이 즐거워하고,
마치 봄날 누대에 오른 듯 왁자지껄하구나.
그런데 나 홀로 담담히 아직 그러한 조짐에 이르지 못하여,
마치 어린아이가 아직 웃을 줄도 모르는 듯 하네.
뒤얽혀 피로함이여, 마치 돌아갈 곳이 없는 자 같네.
뭇사람들 모두 여유가 있으나
나 홀로 무언가 빠진 듯 하구나.
나는 어리석은 사람의 마음인가?
혼돈하도다!

세속 사람들은 밝고 명석하건만
나 홀로 어둡고 혼미하네.
세속 사람들 밝고 똑똑하건만
나 홀로 어둡고 답답하네.

담담하도다, 그 바다 같음이여.
바람결 같도다, 마치 막힘이 없는 듯 하네.
뭇사람들 모두 그렇게 할 이유가 있건만
나 홀로 완고하고도 비루하네.
나 홀로 남들과 다르니 식모食母를 귀히 여기도다.

絶學無憂.

唯之與阿, 相去幾何?
善之與惡, 相去若何?

人之所畏, 不可不畏.

荒兮其未央哉!
衆人熙熙,
如享太牢,
如春登臺.
我獨泊兮其未兆,
如嬰兒之未孩.
儽儽兮若無所歸.
衆人皆有餘, 而我獨若遺.
我愚人之心也哉, 沌沌兮!

俗人昭昭, 我獨昏昏.
俗人察察, 我獨悶悶.

澹兮其若海,
飂兮若無止.
衆人皆有以, 而我獨頑且鄙.
我獨異於人, 而貴食母.

【絶學無憂】馬王堆본에는 이 구절이 앞장(19) 끝에 붙어 있다.

【唯·阿】唯는 공손히 대답하는 것, 阿는 거만히 맞서서 대답하는 것이라 함.

【太牢】소, 말, 양을 잡아 대접하는 아주 큰 식사, 혹은 잔치.

【孩】어린 아이가 방긋방긋 웃는 모습. 순진무구(純眞無垢)함을 뜻함.

【食母】道를 말함. 자연상태로 먹여 길러줌. 作爲 없는 나에게 젖을 먹여 길러줌의
귀함을 말함.

〈雙牛銅枕〉(베개) 1972년 雲南 李家山 古墓群 17호분에서 출토

021 제21장
만물의 근원

큰덕[孔德]의 포용력이란 오직 도道가 따르면 될 뿐이다.
도가 만물이 됨을 오직 황홀한 것일 뿐이다.

황홀하도다, 그 가운데에 만물의 모습이 있음이여.
황홀하도다, 그 가운데에 세상 만물이 있음이여.
요명窈冥하도다, 그 가운데에 정밀함[精]이 있음이여.
그 정밀함은 심히 진실되어 그 가운데에 믿음이 있도다.

예로부터 지금까지 그 이름은 분리될 수가 없어,
이로써 만물의 근원[衆甫]을 보게 되네.

내 무엇으로 만물의 근원을 아는 것이겠는가?
바로 이것[道]으로써 아는 것이라네.

孔德之容, 惟道是從.
道之爲物, 惟恍惟惚.

惚兮恍兮, 其中有象;
恍兮惚兮, 其中有物.
窈兮冥兮, 其中有精.
其精甚眞, 其中有信.

自古及今, 其名不去,
以閱衆甫.

吾何以知衆甫之狀哉?
以此.

【孔德】 큰 덕. 孔은 大와 같음.
【衆甫】 만물의 기원을 이르는 말.

022 제22장
구부리면 온전해진다

구부리면 온전해지고,
굽히면 곧아지며,
쏟아버리면 가득 차고,
닳고 나면 새로워지며,
줄이면 얻을 수 있으며,
많이 가지고자 하면 미혹되고 만다.
이 까닭으로 성인은 하나[一]를 붙잡고 이를 천하의 법칙으로 삼는
것이다.

자신을 드러내지 않기 때문에 밝은 것이요,
자신을 옳다 하지 않기 때문에 현창顯彰되는 것이다.
자신을 자랑하지 않기 때문에 공이 있게 되는 것이요,
자신을 뽐내지 않기 때문에 장구長久하게 되는 것이다.

옛날에 소위 구부리면 온전해진다고 한 것이
어찌 헛된 말이겠는가?

진실로 온전히 하여 모든 것이 그곳으로 귀결되는 것이로다.

曲則全,
　枉則直,
　窪則盈,
　敝則新,
　少則得,
　多則惑.
是以聖人抱一爲天下式.

　不自見, 故明;
　不自是, 故彰;
　不自伐, 故有功;
　不自矜, 故長.

古之所謂曲則全者,
　　豈虛言哉!

　　誠全而歸之.

【窪】 원래는 구덩이. 물이 모여들도록 비워버리는 일을 뜻함.
【天下式】 천하의 法式(法則).

종일 퍼붓는 소나기 없다

말없이 이루어지는 것이 자연 현상이다.
그러므로 돌개바람이 아침 한나절 내내 불 수 없고,
소나기는 하루종일 퍼붓는 경우란 없다.
누가 이러한 현상을 만드는가? 천지이다.
천지도 오히려 그런 것을 능히 오래할 수 없거늘 하물며 사람임에랴?
그러므로 도에 종사하는 자는 그 도와 같아지고,
덕에 종사하는 자는 그 덕과 같아지며,
잃음[失]을 좇아 행하는 자는 잃어버리기를 바라고 있는 자와 같아진다.

도와 같이 하는 자는 도 역시 그런 자를 얻는 것을 즐거워할 것이며,
덕에 같이 하는 자는 덕 역시 그런 자를 얻는 것을 즐거워할 것이며,
잃음에 같이 하는 자는 잃음 역시 그런 자를 얻는 것을 즐거워할
것이다.

믿음을 주지 못하면 누구도 그를 믿지 않게 되는 것이다.

希言自然.
故飄風不終朝,
驟雨不終日.
孰爲此者? 天地.
天地尚不能久, 而況於人乎?
故從事於道者, 同於道;
　　　　德者, 同於德;
　　　　失者, 同於失.

同於道者, 道亦樂得之;
同於德者, 德亦樂得之;
同於失者, 失亦樂得之.

信不足焉, 有不信焉.

【希言】希는 稀와 같으며, 뜻은 無로 해석함.
【信不足焉, 有不信焉】백서본에는 이 구절이 없다.

024 제24장
뽐내는 자는 공을 이루지 못한다

까치발로 서는 자는 능히 안정되게 오래 서 있을 수가 없고,
다리를 벌리고 큰 걸음으로 가는 자는 멀리 걸을 수가 없다.

자기 기준의 눈으로 보는 자는 밝게 볼 수 없고,
스스로 옳다고 하는 자는 남에게 드러날 수가 없으며,
자신을 뽐내는 자는 공을 이룰 수 없고,
자신을 자랑하는 자는 지도자가 될 수 없다.

이런 것은 도에 있어서
음식찌꺼기나 쓸데없는 군더더기 행동이라 말할 수 있다.
만물은 이를 싫어하나니
그 때문에 도 있는 자는 그렇게 처신하지 않는다.

企者不立,
跨者不行.

自見者不明,
自是者不彰,
自伐者無功,
自誇者不長.

其於道也,
曰：餘食贅行.
物或惡之,
故有道者不處.

【企】跂와 같음. 무엇을 보고자 하는 욕구로 발뒤꿈치를 들로 까치발로 서는 것.
【贅行】군더더기 행동. 혹은 行을 形으로 보아 형태에 의해 결정되는 그림자로
해석하기도 함.

025 제25장
도는 자연을 법으로 여긴다

만물에 혼돈이라는 것이 있었으니,
이는 천지가 생겨나기 전에 있었다.

고요하고 아득하도다.
홀로 서서 바뀔 수도 없으며,
두루 행하여지되 그침이 없으니
가히 천하의 어머니가 될 수 있다.
나는 그 이름을 모르나 그의 자字는 도道라 하며,
억지로 이름을 짓는다면 큰 것[大]이라 하리라.

그 큰 것은 끝없이 가는 것[逝]이라 하며,
끝없이 가는 것을 멂[遠]이라 하고,
멂은 되돌아옴[反]이라 한다.

〈竹林七賢圖〉 江蘇 南京 西善橋 東晉墓 석각화. 1960년 출토

그러므로 도는 큰 것이며,
하늘도 크고,
땅도 크며,
사람 역시 크다.

이렇게 세상에는 큰 것이 네 가지 있는데,
사람이 그 중 하나를 차지하고 있다.

사람은 땅을 법으로 여기고,
땅은 하늘을 법으로 여기며,
하늘은 도를 법으로 여기고,
도는 자연을 법으로 여긴다.

〈竹林七賢圖〉 江蘇 南京 西善橋 東晉墓 석각화. 1960년 출토

有物混成, 先天地生.

寂兮寥兮,
獨立而不改,
周行而不殆,
可以爲天下母.
吾不知其名,
字之曰道,
强爲之名曰大.

大曰逝,
逝曰遠,
遠曰反.

故道大,
天大,
地大,
人亦大.

域中有四大,
而人居其一焉.

人法地,
地法天,
天法道,
道法自然.

【混成】混沌(카오스) 상태에서 생성이 시작됨.
【自然】시간과 공간 그 자체. 無始無終, 無形無爲의 근본.

〈仙眞像〉元代 그림. 山西 永濟縣 永樂宮 벽화

026 제26장
무거움이란 가벼움의 근본

무겁다는 것은 가벼움의 근본이 되고,
고요한 것은 시끄러운 것의 우두머리가 된다.

이 까닭으로 성인은 하루종일 돌아다녀도 온갖 물건을 실은 수레[輜重]를
벗어나지 않으며,
비록 화려한 볼거리나 누릴 것이 있다 해도
편안히 처하여 초연하다.

어찌 만승의 군주가 되어
자신의 위치로써 천하를 마구 가볍다 여길 수 있겠는가?

가볍게 굴면 근본을 잃게 되고,
조급하게 서두르면 군주의 지위를 잃고 만다.

重爲輕根,
靜爲躁君.

是以聖人終日行不離輜重,
雖有榮觀, 燕處超然.

奈何萬乘之主,
而以身輕天下?

輕則失根,
躁則失君.

【輜重】음식, 식량 등을 실은 수레. 혹은 그 짐들. 여기서는 일상생활을 부정하지
않음을 뜻함.
【榮觀】물질에 대하여 마음껏 향유함을 뜻함.

027 제27장
훌륭한 채움은 자물쇠를 쓰지 않는다

훌륭한 행동은 그 바퀴자국을 남기지 않는 법이요,
훌륭한 말은 흠을 남기지 않는 법이며,
훌륭한 셈 법은 산算가지를 쓰지 않는 법이며,
훌륭한 잠금은 빗장을 쓰지 않았으나 이를 열 수 없도록 하는 것이며,
훌륭한 맺음은 끈으로 묶지 않았으면서도 풀 수 없게 하는 것이다.

이로써 성인은 항상 남을 구제하는 데에 뛰어나기 때문에
사람을 버리는 법이 없고,
항상 만물을 구제하는데 뛰어나기 때문에
자기와 관련 없는 물건이라 하여 버리는 법이 없다.

이를 일러 습명襲明이라 한다.

그러므로 착한 사람은
착하지 아니한 사람의 스승이요,
좋지 않은 사람은
좋은 사람의 바탕[資]이 된다.

그 스승을 귀히 여기지 아니하거나
그 자료를 아끼지 않는다면
비록 지혜롭다 해도 크게 미혹된 것이다.

이를 일러 요묘要妙라 한다.

善行無轍迹,
善言無瑕謫,
善數不用籌策,
善閉無關楗而不可開,
善結無繩約而不可解.

是以聖人常善救人,
故無棄人;
常善救物,
故無棄物.

是謂襲明.

故善人者, 不善人之師;
不善人者, 善人之資.

不貴其師,
不愛其資,
雖智大迷.

是謂要妙.

如初 金膺顯(현대)

【關楗】關鍵과 같음. 여기서는 문을 걸어 채우는 나무 빗장. 자물쇠를 뜻함.
【襲明】도를 터득함을 뜻함.

028 제28장
천하의 골짜기

그 수컷같이 강하게 행동할 줄 알면서,
도리어 암컷처럼 유순함을 지켜내는 것,
이것은 천하의 계곡이 된다.
천하의 계곡이 되면 일상의 덕[常德]이 떠나지 않고 다시 갓난아이
같은 순진무구한 경지로 되돌아올 것이다.

그 흰 것처럼 밝게 할 줄 알면서,
검은 것처럼 여겨 지켜내는 것,
이는 천하의 법칙이 된다.
천하의 법칙이 되면 일상의 덕이 어긋남이 없어
다시 무극無極의 상태로 되돌아올 것이다.

그 영광됨을 알면서,
욕辱됨을 지켜내는 것,
이는 천하의 골짜기가 될 것이다.
천하의 골짜기가 되면
일상의 덕이 풍족해져서
다시 질박한 본래 모습[樸]으로 되돌아올 것이다.

질박한 본래 모습이 널리 퍼져 그릇이 되며,
성인이 이를 사용하면
그들은 이러한 이치로 관직의 우두머리 노릇을 할 수 있다.
그러므로 큰 제재(制裁, 통치)란 그 재료를 쪼개지 않고 한다.

知其雄,
　守其雌,
爲天下谿.

爲天下谿,
常德不離,
復歸於嬰兒.

知其白,
　守其黑,
爲天下式.
爲天下式,
常德不忒,
復歸於無極.

知其榮,
　守其辱,
爲天下谷.
爲天下谷,
常德乃足,
復歸於樸.

樸散則爲器,
　聖人用之,
　則爲官長.
故大制不割.

〈吊人銅矛〉 1956년 雲南 晉寧 출토

【谿】골짜기. 비어 있어 세상 만물을 수용함을 뜻함. 그 아래의 谷도 같은 뜻이다.
【樸】원래는 다듬지 않은 그대로의 나무토막을 말하나 흔히 도가에서는 자연 그대로 있어 인간의 작위가 가해지지 않은 道를 말함.
【大制】大治와 같음. 크게 다스림.

도교의 符籙(符籍) 新疆 高昌 출토

029 제29장
천하의 신기神器

장차 천하를 얻고자 하여 작위作爲를 베푸는 것,
내가 보기에는 그렇게 해서는 안 된다고 여긴다.

천하라는 신기神器는
어떻게 해 볼 수도 없으며
잡을 수도 없다.
어떻게 해 보고자 하면 깨뜨리게 되고,
잡겠다고 나서면 놓치게 된다.

그러므로 만물이란 혹 앞서가는 것도 있고 혹 뒤처지는 것도 있으며,
혹 따뜻한 기운을 내뿜은 것도 있고 혹 차거운 냉기를 내뿜는 것도
있고,
혹 강한 것도 있고 혹 파리하여 약한 것도 있으며,
혹 편안히 엎혀 있는 것도 있고 혹 곧 떨어질 것 같은 위태한 모습인
것도 있다.

이 때문에 성인은 정도가 심한 것도 버리고,
사치로운 것도 버리며,
지나친 것도 제거하는 것이다.

將欲取天下而爲之,
　吾見其不得已.

　　天下神器:
　不可爲也, 不可執也.
　爲者敗之, 執者失之.

故物或行或隨,
　或歔或吹,
　或強或羸,
　或載或隳.

是以聖人去甚,
　　去奢,
　　去泰.

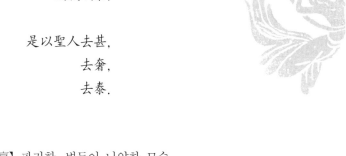

【羸】파리함. 병들어 나약한 모습.
【隳】추(墜)와 같은 뜻. 위험한 모습.

030 제30장
무력으로 천하에 군림하지 않는다

도로써 임금된 자를 돕는 사람은 무력으로 천하에 강하게 굴지 않는다.
그러한 일은 그에 맞는 응보가 돌아오게 된다.

장수가 있던 자리에는 가시덤불이 생겨나며,
큰 전쟁이 있은 다음 해에는 틀림없이 흉년이 든다.

일을 잘 처리하는 자는 성과만 얻으면 곧 그칠 뿐,
감히 강함을 가지고 모든 것을 취하려 들지는 않는다.

성과를 얻고서 자랑하지 않으며,
성과를 얻고서 뽐내지 아니하며,
성과를 얻고서 교만하게 굴지 않아야 한다.

성과를 얻는다는 것은 부득이한 경우일 때이며,
성과를 얻어서 강함을 보이기 위해서는 아니다.

만물은 자라서 커지면 결국 노쇠하게 되나니
이를 일러 도답지 않음[不道]이라 한다.
도답지 못하면 곧바로 끝이 나고 만다.

以道佐人主者, 不以兵强天下.
　其事好還.
　師之所處, 荊棘生焉.
　大軍之後, 必有凶年.

　善者果而已,
　不敢以取强.

　果而勿矜,
　果而勿伐,
　果而勿驕.

　果而不得已,
　果而勿强.

　物壯則老,
　是謂不道.
　不道早已.

【不道】도에 맞지 않음. 여기서의 道는 柔弱함을 기준으로 한 것임.

031 제31장
전쟁의 승리는 상례처럼

무릇 병기[무기]란 상서롭지 못한 물건으로
세상 누구나 이를 싫어한다.
그 때문에 도 있는 자는 그러한 상황에 처하지 않는 것이다.

군자는 평상시에는 왼쪽을 귀히 여기지만
전쟁에서는 오른쪽을 귀히 여긴다.

무기란 상서롭지 못한 물건으로
군자가 쓸 도구는 아니다.
어쩔 수 없는 경우에 이를 쓸 때에는
편안하고 담담한 마음을 가장 높은 경지로 삼아야 한다.
이기고 나서도 아름답다 여겨서는 아니 된다.
이를 아름답다 여긴다면
이는 사람 죽이기를 즐겨하는 자이다.

사람 죽이기를 즐겨하게 되면
천하에 그 뜻을 이룰 수 없게 된다.
길한 일은 왼쪽을 숭상하고,
흉한 일은 오른쪽을 숭상한다.
그래서 편장군偏將軍은 왼쪽에 자리잡고,
상장군上將軍은 오른쪽에 위치한다.
이는 상례喪禮로써 이를 처리하는 것임을 말한다.
많은 사람을 죽였으므로
슬픔을 다하여 이를 애도하여 우는 것이며,
전쟁에 이기고 이를 상례로써 처리하는 것이다.

〈靑瓷羊圈〉

夫佳兵者不祥之器, 物或惡之,
　　故有道者不處.

　君子居則貴左,
　　用兵則貴右.

　兵者不祥之器, 非君子之器,
　不得已而用之, 恬淡爲上.
　　　勝而不美, 而美之者,
　　　是樂殺人.

　　　夫樂殺人者, 則不可得志於天下矣.
　　　吉事尚左,
　　　凶事尚右.
　　偏將軍居左,
　　上將軍居右.
　言以喪禮處之.
　　　殺人之衆, 以悲哀泣之,
　戰勝以喪禮處之.

【左右】당시 左를 높이 보고 右를 낮게 보았음.
【偏將軍】당시 적을 죽이는 일을 주로 하지 않고 전술과 모책만 짜는 임무를
　맡았다고 함.
【上將軍】적을 죽임을 우선으로 하는 임무를 맡았다고 함.

〈長信宮鎏金宮女銅燈〉西漢. 1968년 河北 滿城 출토

골짜기 물은 바다가 있음으로 흐른다

도란 일상에서 이름이 없다.

박실함[樸]은 비록 작으나
천하에 그 누구도 그를 신하로 삼지 못한다.
후왕(侯王, 통치자)이 능히 이를 지켜 낸다면
만물이 장차 스스로 찾아와 복종할 것이다.

하늘과 땅이 서로 화합하여 감로甘露를 내려주면
백성은 법령을 내리지 않아도 저절로 고른 삶을 누리게 될 것이다.

제한을 두고 나서야 이름이 있게 되었고,
이름도 있고 나서야
무릇 그쳐야 할 일을 알게 되었으며,
그쳐야 할 일을 알고 나서야 위험하지 않게 되는 것이다.

비유컨대 천하에 도가 있음은 냇물골짜기 물이
강해江海라는 갈 곳이 있음과 같다.

道常無名.

樸, 雖小, 天下莫能臣也.
侯王若能守之, 萬物將自賓.

天地相合, 以降甘露,
民莫之令而自均.

始制有名, 名亦旣有,
夫亦將知止, 知止所以不殆.

譬道之在天下, 猶川谷之與江海.

【侯王】 작위를 베풀어 백성을 다스리고자 하는 자. 욕구와 작위가 많은 자를
　지칭함.
【樸】 원래 다듬거나 조각하지 않은 원상태의 나무. 道의 本體를 말함.
【江海】 강과 바다는 천하 골짜기의 물을 모두 받아들임을 뜻함.

033 제33장
죽어도 사라지지 않는 자

남을 아는 것은 지혜로써 하는 것이지만,
자신을 아는 것은 명석함으로 하는 것이다.

남을 이기는 것은 힘으로써 하는 것이지만,
자신을 이겨내는 것은 스스로 강함으로 하는 것이다.

족함을 아는 자는 부유하지만,
억지로 행하는 무언가 하고자 함이 있어서이다.

자신이 위치한 바를 잃지 않는 자는 오래가고,
죽어도 잊혀지지 않는 자가 장수하는 사람이다.

知人者智, 自知者明.
勝人者有力, 自勝者强.

知足者富, 强行者有志.

不失其所者久,
死而不亡者壽.

【不亡】 '亡'은 '忘'자로 보았음. 그러나 生滅의 근본을 잃지 않음을 말한다고도
함.

〈靑瓷猪圈〉

034 제34장
도는 자신이 주인이라 하지 않는다

큰 길[大道]은 넓어
왼쪽으로 가도 되고 오른쪽으로 가도 된다.
만물이 이를 믿고 살고 있지만 도는 그들을 거부하지 않는다.
공이 이루어져도 그것을 자신의 것으로 가지려 들지 아니하며,
만물에게 옷을 입히고 길러주면서도 자신이 주인이 되겠다고 하지도
않는다.
언제나 욕심이 없으니
그 때문에 작다[小]라고 이름 붙일 수 있으며,
만물이 모두 그에게 귀속되어도 주인 행세를 아니하니,
그 때문에 크다[大]라고 이를 지어줄 수 있다.

그 마침의 끝까지도 스스로 크게 하려 들지 아니하니, 그 때문에
능히 큰 것을 이룰 수 있는 것이다.

大道氾兮, 其可左右.
萬物恃之而生而不辭,
　　　功成而不有, 衣養萬物而不爲主.

　　常無欲, 可名於小;
萬物歸焉而不爲主, 可名爲大.

以其終不自爲大, 故能成其大.

【氾】 널리 퍼져 두루 작용함. 遍在함.

써도 다함이 없는 것

대도의 원리[大象]를 잡으니 천하가 모두 그에게 귀속된다.

찾아가도 해를 입히지 않으며 편안하고 평온하여 태평하다.
좋은 음악과 맛있는 음식은 지나가던 길손을 멈추게 한다.

도란 입에서 나오면
담담하여 아무런 맛이 없고,
눈으로 보아도 보이지 않으며,
귀로 들어도 들리지 아니하고,
이를 사용해도 다함이 없다.

〈宰猪圖〉, 1972년 甘肅 嘉峪關 戈壁灘 魏晉 7호묘 출토

執大象, 天下往.

往而不害, 安平太.
　樂與餌, 過客止.

道之出口,
淡乎其無味,
視之不足見,
聽之不足聞,
用之不足旣.

【大象】 천지 자연에 있는 그대로의 현상. 大道의 다른 말.

036 제36장
빼앗고자 하면 먼저 주어라

장차 오므리고자 한다면 반드시 먼저 펴주어야 하고,
장차 약화시키고자 한다면 반드시 먼저 강하게 해주어야 하며,
장차 폐기시키고자 한다면 반드시 먼저 들어올려 잘 되게 해주어야
하며,
장차 빼앗기고자 한다면 반드시 내가 먼저 그에게 주어야 한다.
이를 일러 아직 드러나지 않음[微明]이라 한다.

부드럽고 약한 것이 굳세고 강한 것을 이긴다.

물고기는 물을 벗어날 수 없고,
나라의 이기利器는 사람에게 보여주어서는 안 된다.

〈狩獵圖〉 1972년 甘肅 嘉峪關 戈壁灘 魏晉 12호묘 출토

將欲歙之, 必固張之.
將欲弱之, 必固强之.
將欲廢之, 必固擧之.
將欲奪之, 必固與之.
是謂微明.

柔弱勝剛强.

魚不可脫於淵,
國之利器不可以示人.

【歙】 수축하여 오므림.
【微明】 아직 드러나지 않은 것. 그러나 微는 은폐된 것, 明은 드러난 것으로도
본다.
【利器】 백성을 다스리는 勢와 秘密.

037 제37장
도는 하는 일이 없다

도는 언제나 아무 일도 하지 않지만 그렇다고 하지 않는 일도 없다.
후왕(侯王, 통치자)이 이러한 이치를 지켜낸다면
만물이 장차 저절로 교화되고 양육될 것이다.

교화되고 양육되고 있는데도 무언가 작위를 더하려 한다면,
나는 장차 이름 없는 박樸이라는 것으로써 그를 눌러버릴 것이다.

이름 없는 박이란 장차 아무런 하고자 함이 없는 것이다.
하고자 함을 없이하고 고요히 하면 천하가 장차 저절로 안정될 것이다.

道常無爲而無不爲,
　　侯王若能守之,
　　萬物將自化.

　　化而欲作,
吾將鎭之以無名之樸.

　　無名之樸, 夫亦將無欲.
　　不欲以靜, 天下將自定.

【侯王】통치자, 지도자. 작위를 베풀어 백성을 다스리고자 하는 자. 욕구와 작위가
많은 자를 지칭함.
【樸】아무런 작위를 가하지 아니한 등걸나무. 깎거나 다듬지 않은 원래대로의
도와 덕. 자연상태 그대로의 순박함을 말함.

038 제38장
꽃에 관심을 두지 않는다

높은 덕[上德]은 스스로 덕이라 하지 않는다.
이 때문에 덕이 있는 것이다.
낮은 덕[下德]은 그 덕을 잃지 않겠다고 한다.
이 때문에 덕이 없는 것이다.

높은 덕은 작위가 없을뿐더러 작위하려는 마음을 갖지 않는다.
낮은 덕은 작위할 수 없으면서도 작위하려는 마음을 갖는다.
높은 인[上仁]은 작위하면서 작위하려는 마음을 갖지 않는다.
높은 의[上義]는 작위하면서 작위하려는 마음을 가지고 있다.
높은 예[上禮]는 작위하되 이에 대응하지 못하면
팔을 걷어붙이고 이를 억지로 끌어들려 맞추려 한다.

그 때문에 도를 잃고 난 후라야 덕이 있게 되고,
덕을 잃고 난 후라야 인仁이 있게 되고,
인을 잃고 난 후라야 의義가 있게 되며
의를 잃고 난 후라야 예禮가 있게 된다.

무릇 예란 충성과 믿음이 얇기 때문에 생겨난 것으로
혼란의 우두머리(가장 큰 원인)이다.
남보다 먼저 안다는 것은
도의 화려한 꽃이지만 어리석음의 시작이다.
이 때문에 대장부는 그 후[厚]한 곳에 처하며,
그 얄팍한 곳[薄]에는 처하지 아니하며,
그 열매[實]에 처하며
그 꽃[華]에는 관심을 두지 않는다.

그러므로 저것[智]를 버리고 이것[實]을 취하는 것이다.

上德不德, 是以有德;
　下德不失德, 是以無德.

上德無爲而無以爲;
　下德無爲而有以爲.
　上仁爲之而無以爲;
　上義爲之而有以爲.
　上禮爲之而莫之應,
　　則攘臂而扔之.

故失道而後德,
　　失德而後仁,
　　失仁而後義,
　　失義而後禮,

夫禮者忠信之薄, 而亂之首.
前識者, 道之華, 而愚之始.
是以大丈夫處其厚,
　　　不居其薄,
　　　　處其實,
　　　不居其華.

故去彼取此.

【實·華】實은 樸實, 華는 虛華(꾸며진 것)를 뜻함.
【不德】덕이라 여기지 않음. 덕에 대한 성취의 집착을 없앰.

〈竹林七賢圖〉淸, 華嵒(그림)

생육이 이어지지 않으면

옛날에 하나[一]를 얻어 생성된 것이 있다.

하늘이 하나를 얻어 맑게 되었고,
땅이 하나를 얻어 편안하게 되었으며,
신이 하나를 얻어 영험하게 되었고,
골짜기가 하나를 얻어 채움이라는 것이 있게 되었으며,
만물이 하나를 얻어 생육하게 되었고,
후왕(侯王, 통치자)이 하나를 얻어 천하를 바르게 할 수 있었다.
그것[道]이 이렇게 한 것이다.

하늘이 맑음이 없이 한다면 장차 찢어질 것이며,
땅이 편안함이 없이 한다면 장차 터질 것이며,
신이 영험함이 없이 한다면 장차 소멸될 것이며,
골짜기가 채움이 없이 한다면 장차 고갈될 것이며,
만물이 생육으로써 하지 않는다면 장차 끊어지고 말 것이며,
통치자가 고귀함으로써 하지 않는다면 장차 고꾸라지게 될 것이다.

그러므로 귀한 것이란 천한 것을 근본으로 삼는 것이요,
높다는 것은 낮은 것을 그 기초로 삼는 것이다.
이 까닭으로 후왕이 스스로를 고孤, 과寡, 불곡不穀이라 이르나니,
이것이 바로 천한 것을 근본으로 삼는 것이 아니겠는가? 그렇지
않은가?

그 때문에 지극한 명예는 명예 자체가 없도록 하는 것이다.
녹록하기가 옥과 같아지려 한다거나 낙락하기가 돌과 같아지려고도
하지 않는다.

昔之得一者.

天得一以清,
地得一以寧,
神得一以靈,
谷得一以盈,
萬物得一以生,
侯王得一以爲天下貞.
其致之.

天無以清將恐裂,
地無以寧將恐發,
神無以靈將恐歇,
谷無以盈將恐竭,
萬物無以生將恐滅,
侯王無以貴高將恐蹶.

故貴以賤爲本,
高以下爲基.
是以侯王自謂孤·寡·不穀,
此非以賤爲本邪? 非歟?

故至譽無譽.
不欲琭琭如玉, 珞珞如石.

【孤・寡・不穀】 모두 임금이 자신을 낮추어 부르는 말. 孤는 외롭게 홀로 모든 것을 결정해야 하는 作爲에 대한 두려움을 표현한 것이며, 寡는 寡德之人의 준말. 不穀은 곡식도 제 힘으로는 익힐 수 없는 미미한 존재임을 표현한 것이라 함.
【琭琭・珞珞】 옥이나 돌이 아름다운 모습을 표현하는 말. 그러나 "옥과 같이 귀하게 되려 하지 말고 돌과 같이 박실한 것이 되라"는 뜻으로 새기기도 한다.

〈嵌貝鹿形銅鎭〉 文鎭. 西漢. 1957년 河南 陝縣 출토

040 제40장
있음은 없음에서 생겨난다

서로 상반되게 나타나는 현상도 도의 움직임이요,
약한 모습으로 존재하는 것도 도의 작용이다.

천하만물은 있음[有]에서 생겨나며,
있음은 없음[無]에서 생겨난다.

〈竹林七賢圖〉 江蘇 南京 西善橋 東晉墓 石刻畫. 1960년 출토

反者道之動;
　　弱者道之用.

天下萬物生於有,
　　有生於無.

【反】 서로 상반되게 나타나는 세상 만물의 현상. 그러나 '反'을 '返'과 같은 것으로
보아 循環返復의 의미로 해석하는 경우도 있음.

큰 그릇은 이루어짐이 없다

높은 선비[上士]는 도를 들으면
힘써 이를 실행하고,
중간 선비[中士]는 도를 들으면
그런 도가 있을 수도 있고 없을 수도 있다고 여기며,
낮은 선비[下士]는 도를 들으면
크게 비웃어 버린다.

이렇게 비웃음을 당하지 않을 수 있는 도는 족히 도가 될 수 없다.

그 때문에 말로 전해오는 것으로 이러한 것이 있다.
밝은 도는 마치 우매한 것 같고,
나아가야 할 도는 마치 물러나야 하는 것처럼 되어 있고,
평탄한 도는 마치 뒤얽힌 것 같고,
가장 높은 덕은 마치 골짜기처럼 빈 것 같고,
크게 깨끗한 것은 마치 더러운 것 같고,
넓은 덕은 마치 부족한 것 같고,
건실한 덕은 마치 게으른 것 같고,
질박한 덕은 마치 어리숙한 것 같다.

큰 방형方形은 모퉁이가 없고,
큰 그릇이란 이루어짐이 없으며,
큰 음音은 소리가 없으며,
큰 형상은 형태가 없고,
도는 숨겨져 이름이 없다.
무릇 오직 도만이 남에게 그 원리를 잘 빌려주어 이루게 해준다.

上士聞道，勤而行之；
中士聞道，若存若亡；
下士聞道，大笑之.

不笑不足以爲道.

故建言有之：
明道若昧，
進道若退，
夷道若纇，
上德若谷，
大白若辱，
廣德若不足，
建德若偸，
質德若渝.

大方無隅，
大器晚成，
大音希聲，
大象無形，
道隱無名.

夫唯道，善貸且成.

【夷道】평범한 도.

【渝】여러 가지 뜻이 있으나 '어리숙하다'로 풀었음.

【大器晚成】'晚'은 竹簡本에는 '曼', 帛書本에는 '免'으로 되어 있어 모두 '無'와 雙聲(聲母가 같은 M(ㅁ)으로 시작됨) 互訓 관계를 이루고 있어 '무'(없다)와 같은 뜻이다. 노자는 영원을 두고 완성될 수 없는 것을 큰그릇이라 여긴 것이며 앞뒤 對句를 이룬 말에 호응이 됨.

【偸】게으르고 태만함. 偸惰와 같은 뜻.

도는 하나를 낳고

도는 하나를 낳고,
하나는 둘을 낳으며,
둘은 셋을 낳고,
셋은 만물을 낳는다.

만물은 음陰을 짊어지고 양陽을 품고 있으며,
격한 반작용의 기운[沖氣]이 이를 조화시킨다.

사람들이 싫어하는 바는 오직 고孤, 과寡, 불곡不穀인데도
왕공王公들은 이를 칭호로 삼는다.

그러므로 만물이란 혹 덜어내어도 자꾸 불어나는 것이 있을 수 있고,
혹 자꾸 보태어도 도리어 덜어지는 것도 있을 수 있다.

사람들이 가르치는 바를 나 역시 가르친다.
다만 뻣뻣하고 강한 것[梁强]은 온당한 죽음을 얻을 수 없으니,
나는 장차 이러한 이치를 가르침의 근본[父]으로 삼겠도다.

道生一,
　一生二,
　　二生三,
　　　三生萬物.

萬物負陰而抱陽,
　沖氣以爲和.

　　人之所惡, 唯孤·寡·不穀,
　而王公以爲稱.

故物或損之而益,
　或益之而損.

　　人之所敎, 我亦敎之.
梁强者不得其死,
　吾將以爲敎父.

【沖氣】 激蕩하는 氣.
【梁强】 강포함을 뜻함. 첩운연면어(疊韻連綿語)임.
【敎父】 가르침의 근본을 일컫는 말.

형체 없는 것이 틈도 없는 곳을 파고든다

세상에 지극히 부드러운 것이 천하의 가장 굳센 것을 부리고,
형체가 없는 것은 틈이 없는 곳으로 파고든다.

나는 이로써 무위無爲가 얼마나 유익한 것인가를 아는 것이다.

말없는 가르침과,
무위의 이익에 대하여,
세상에 그런 경지를 알고 있는 자가 거의 없도다.

〈牛耕圖〉 1972년 甘肅 嘉峪關 戈壁灘 魏晉墓 출토

天下之至柔, 馳騁天下之至堅,
無有入無間.

吾是以知無爲之有益.

不言之敎, 無爲之益,
天下希及之.

【馳騁】 내달음, 부림, 극복함을 뜻함.

044 제44장
명예와 몸

이름과 몸은 어느 것이 더 아낄 만한 것인가?
몸과 재화는 어느 것이 더 소중한가?
얻음과 잃음은 어느 것이 더욱 병들게 하는가?
이 까닭으로 심히 사랑함이 있으면 반드시 크게 소비해야 하고,
많이 저장함이 있으면 반드시 크게 잃음이 있게 된다.

족함을 알면 욕됨이 없고,
그칠 줄 알면 위태함이 없게 되어,
가히 장구長久하리라.

名與身孰親?
身與貨孰多?
得與亡孰病?
是故甚愛必大費,
多藏必厚亡.

知足不辱,
知止不殆,
可以長久.

【孰】어느 것. 비교문장에 쓰임.

진짜 곧은 것은 굽은 듯이 보인다

크게 성취한 것은 마치 결함이 있는 듯하나
그 쓰임은 다함이 없다.
크게 꽉 찬 것은 마치 빈 것 같으나
그 쓰임은 궁함이 없다.

큰 곧음은 마치 굽은 것 같고,
크게 공교함은 마치 졸렬한 듯하며,
뛰어난 말솜씨는 마치 어눌한 듯하다.

고요함은 시끄러움을 이기고,
추위는 더위를 이긴다.
청정淸靜함은 천하의 바른 것이 되도다.

大成若缺, 其用不弊;
大盈若沖, 其用不窮.

大直若屈,
大巧若拙,
大辯若訥.

　静勝躁,
　　寒勝熱,
清静爲天下正.

如初 金膺顯(현대)

【淸靜】맑고 고요함.

족함을 모르는 것보다 더 큰 화는 없다

천하에 도가 실현되고 있으면
전쟁에 쓰일 말이 농사에 쓰이고,
천하에 도가 없으면
싸움말[戎馬]이 전투 중에 새끼를 낳는다.

화는 족함을 모르는 것보다 큰 것이 없고,
허물은 얻어 소유하고자 하는 것보다 큰 것이 없다.
그러므로 만족할 줄 아는 족함은 항상 만족스러운 것이다.

〈採桑圖〉 1972년 甘肅 嘉峪關 戈壁灘 魏晉墓 출토.

天下有道，却走馬以糞；
天下無道，戎馬生於郊．

禍莫大於不知足；
咎莫大於欲得．
故知足之足，常足矣．

【糞】농사에 사용함.
【戎馬】戰馬. 싸움에 사용하는 말. 그러나 혹 임신하여 전쟁에 쓸 수 없는 말이라는
뜻으로 보기도 함.

047 제47장
문밖을 나서보지도 않고 천하를 아는 것은

문밖에 나서보지도 않고 천하를 알며,
창문 밖을 엿보지 않고도 천도를 안다.

멀리 나설수록 더욱 멀어지며,
그것을 알고자 할수록 아는 것은 더욱 적어진다.

이러한 이치로 성인은 행하지 않고도 알며,
보지 않고도 이름을 지을 수 있으며,
아무 작위 없이도 이루는 것이다.

不出戶, 知天下;
不窺牖, 見天道.

其出彌遠,
其知彌少.

是以聖人不行而知,
不見而名,
無爲而成.

【窺牖】 창문을 통하여 밖을 살핌. 방안에서 세상을 살핌.
【彌】 ~할수록 ~하다의 뜻.
【不見而名】 다른 판본에는 『不見而明』(보지 않고도 밝게 살핀다)으로 되어
있다.

048 제48장
무위無爲에 이르는 길

학문을 하면 할수록 날마다 알고 싶은 것이 많아지지만,
도를 행하면 할수록 날마다 일이 줄어든다.
줄이고 다시 줄이면 마침내
작위 없음에 이르게 된다.

작위 없으면서 작위하지 않음이 없는 것이다.

천하를 취함에도 항상 일없이 하니,
일거리를 자꾸 만들면
천하를 취할 수 없다.

爲學日益,
爲道日損.
損之又損, 以至於無爲.

無爲而無不爲.

取天下常以無事,
及其有事, 不足以取天下.

【日益】知欲이 갈수록 늘어남.

049 제49장
백성의 마음이 성인의 마음

성인은 자신만이 고집하는 마음[常心]이란 없다.
그저 백성의 마음을 자신의 마음으로 여길 뿐이다.

선한 사람을 내가 선하게 대하여,
선하지 못한 자라 해도 나는 역시 선하게 대한다.
이는 선을 덕으로 여기기 때문이다.

믿음이 있는 자를 내가 믿어주어,
미덥지 못한 자라 해도 나는 역시 이를 믿어준다.
이는 믿음을 덕으로 여기기 때문이다.

성인은 천하에 있으면서 자신의 고집을 거두어 억누르며,
천하를 위함에 그 마음을 흐리멍텅한 듯이 갖는다.
그렇게 되면 백성은 모두 그에게 귀와 눈을 집중하게 되며,
성인은 그때 그들을 모두 순진한 어린아이처럼 되도록 한다.

聖人無常心,
以百姓心爲心.

善者吾善之,
不善者吾亦善之,
　　　德善.

信者吾信之,
不信者吾亦信之,
　　　德信.

聖人在天下, 歙歙焉;
　　爲天下, 渾其心.
百姓皆注其耳目,
　　聖人皆孩之.

【歙歙】 私心이 없는 모습.
【孩之】 어린아이(갓난아이)와 같은 순진무구한 상태가 되도록 유도함.

050 제50장
태어남과 죽는 것이란

세상 사람은 삶을 버리고 죽음으로 들어선다.

살고자 하는 길로 가는 자는 열에 셋이며
죽음의 길로 들어서는 자도 열에 셋이다.
살고자 몸부림치면서
사지死地로 가는 자도
역시 열에 셋이 된다.

무슨 까닭이겠는가?
그것은 살려고 하는 마음이 너무 두렵기 때문이다.
대개 듣거니와 섭생攝生을 잘하는 자는
육지에서 길을 가도 시호兕虎를 피하지 않으며,
전쟁터에 나가서도 갑옷을 입지 않는다.

시兕도 그 뿔을 받을 곳이 없고,
호虎도 그 발톱을 써볼 곳이 없으며,
무기는 그 날刃을 받아들일 곳이 없다.

어찌 그럴 수 있겠는가!
그는 죽음에 이를 어떤 여지도 가지고 있지 않기 때문이다.

出生入死.

生之徒十有三,
死之道十有三,
人之生, 動之死地, 亦十有三.

夫何故?
以其生生之厚.
蓋聞善攝生者,
陸行不遇兕虎,
入軍不被兵甲.

兕無所投其角,
虎無所措其爪,
兵無所容其刃,

夫何故?
以其無死地.

【陸行不遇兕虎】 갑본에는 『陵行不避兕虎』로 되어 있어 이를 따라 해석함.
兕(시)는 물소. 흔히 들에서 만나는 사나운 짐승을 대신하여 쓰는 말.
【死地】 죽음에 이르는 여지.

051 제51장
낳아주고 길러주고

도는 낳아주고,
덕은 길러주며,
만물은 형태를 갖추어주고,
형세는 성취시켜준다.
이로써 만물은 도를 존중하고 덕을 귀히 여기지 않는 것이 없다.

도를 높이 여기고,
덕을 귀하게 여김은
그것을 누가 명하는 것이 아니건만 항상 자연히 그렇게 되는 것이다.

그 때문에 도는 낳아주고,
덕은 길러주며,
자라게 하고 길러주며,
이루어주고 익혀주며,
길러주고 덮어준다.

낳아주되 가지려 하지 않고,
작위를 베풀되 자랑하지 아니하며,
길러주되 주재主宰하려 하지 않으니
이를 일러 현덕玄德이라 한다.

道生之,
德畜之,
物形之,
勢成之.
是以萬物莫不尊道而貴德.

道之尊,
德之貴,
夫莫之命而常自然.

故道生之,
德畜之,
長之育之,
亭之毒之,
養之覆之.

生而不有,
爲而不恃,
長而不宰.
是謂玄德.

【亭之毒之】亭은 成과 같으며, 毒은 熟과 같음. 서로 첩운(疊韻) 관계를 이루고
있어 고대에 통용되었음.
【玄德】깊고 오묘한 덕.

052 제52장
부드러움을 지켜내는 것이 강함이다

천하는 시초가 있으니
이는 천하의 어머니母 역할과 같다.

이미 그 어머니의 이치를 알았다면
그에게서 태어난 아들[생겨난 현상]을 알 수 있다.
이미 그 아들을 알고 나서
다시 그 어머니의 원리를 지키면
몸이 다할 때까지 위태하지 않게 될 것이다.

육체의 욕망의 빈곳을 막고,
욕망의 문을 닫으면
종신토록 근심이 없게 된다.

〈持鍾殺牛圖〉 1972년 甘肅 嘉峪關 戈壁灘 魏晉墓 출토.

육체의 욕망의 빈곳을 열어놓고
그 일을 자꾸 만든다면
종신토록 구원받지 못할 것이다.

작은 것은 볼 수 있는 것이 명明이며,
부드러움을 지켜내는 것이 강强이다.

그 원리의 광채를 사용하여
그 명明으로 되돌아간다면
자신에게 재앙을 남기는 일이 없게 될 것이다.

이것이 바로 습상習常이다.

天下有始, 以爲天下母.

旣得其母, 以知其子.

旣知其子; 復守其母, 沒身不殆.
　　塞其兌, 閉其門, 終身不勤;
　　開其兌, 濟其事, 終身不救.

見小曰明, 守柔曰强.

用其光, 復歸其明, 無遺身殃.
　　是爲習常.

【母】道, 혹은 도의 根本을 뜻함.
【習常】常道에 평상시처럼 쉽게 따름. 常道에 익숙하여 그를 따름에 불편을
느끼지 않음.

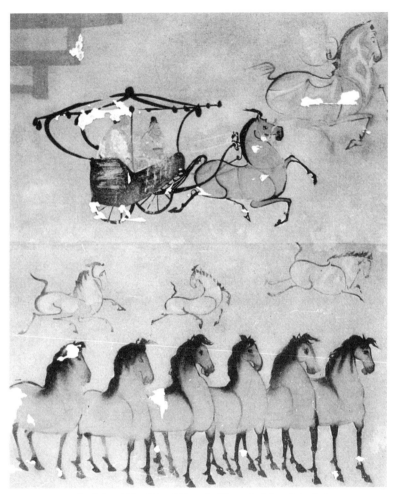

〈牧馬圖〉 東漢 벽화. 내몽고 후허호트 호린게르에서 발견

053 제53장
음식이 싫증이 나도록

나로 하여금 작으나마 앎이 있어준다면
대도를 실행해보련다.
그러나 잘못된 길로 들어가면 어쩌나 하는 것이 두려움일 뿐이다.

큰 길[大道]은 심히 평탄하건만
사람들은 지름길을 좋아한다.

조정은 깨끗이 청소되어야만 하며
농토는 심한 황무지로 변했고
창고는 거의 비어 있다.
그런데도 사람들 복장은 문채가 빛나도록 사치하고
날카로운 칼을 차고 있으며
음식에 싫증을 낼 정도이며,
재화는 남아도는 경우,
이렇게 하는 것을 일러 도둑의 우두머리[盜夸]라 한다.
이는 도가 아니로다!

使我介然有知,
　　行於大道, 惟施是畏.

　　大道甚夷, 而民好徑.

　　　朝甚除,
　　　田甚蕪,
　　　倉甚虛;
　　　服文綵,
　　　帶利劍,
　　　厭飲食,
　　財貨有餘,
　　是謂盜夸.
　　非道也哉!

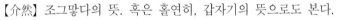

【介然】조그맣다의 뜻. 혹은 홀연히, 갑자기의 뜻으로도 본다.
【盜夸】盜竽. 당시 괴수(魁首)라는 뜻으로 쓰이던 말.

054 제54장
천하로써 천하를 보라

잘 세운 것은 뽑을 수 없고,
잘 껴안은 것은 이탈시킬 수 없으니,
이러한 도를 실행한 자는 그 자손이 제사로써 지켜 끊어지지 않게
해 줄 것이다.

이를 자신에게 수양하면 그 덕은 진실될 것이며,
집안에서 이를 수양하면 그 덕에 남음이 있을 것이며,
고을에서 이를 수양하면 그 덕이 길이 이어갈 것이며,
나라에서 이를 수양하면 그 덕이 풍성해질 것이며,
천하에서 이를 수양하면 그 덕이 골고루 덮이게 될 것이다.

그러므로 자신의 일로써 자신을 보며,
집안의 관점으로써 집을 관찰하며,
고을의 이치로써 고을을 살피며,
나라 다스리는 원리로써 나라를 보고,
천하의 원리로써 천하를 보아야 한다.

내가 어찌 천하가 그렇다는 것을 알 수 있겠는가?
바로 이러한 관점으로써 이를 아는 것이다.

善建者不拔,

善抱者不脫,

子孫以祭祀不輟.

　　修之於身, 其德乃眞;

　　修之於家, 其德乃餘;

　　修之於鄉, 其德乃長;

　　修之於邦, 其德乃豐;

　修之於天下, 其德乃普.

故以身觀身,

以家觀家,

以鄉觀鄉,

以邦觀邦,

以天下觀天下.

吾何以知天下然哉?

　　　　以此.

【不輟】 거두거나 그치는 일이 없이 계속 이어짐.

덕은 갓난아이 같은 것

덕을 풍성하게 머금고 있는 자는
갓난아이에 비유할 수 있다.

독충毒蟲도 쏠 수 없고,
맹수도 덤벼들지 못하며,
독수리도 대들지 못한다.

어린아이는 뼈는 약하고 근육도 부드러우나 잡는 힘은 세다.
암컷 수컷이 교미한다는 것을 아직 알지 못하면서 음경은 발기한다.
이는 정기[精]가 지극하기 때문이다.
종일 울어도 목이 쉬지 않으니
이는 조화[和]가 지극하기 때문이다.

조화를 아는 것이 일상의 진리[常]이며,
일상의 진리를 아는 것이 명철함[明]이다.
생을 덧보태려고 억지를 쓰는 것을 재앙[祥]이라 하고,
마음을 부리되 기氣로써 하는 것을 강포[強]라 한다.

세상 만물은 자라서 커지면 노쇠하게 마련이니,
이를 도답지 못함[不道]이라 한다.
도답지 못한 것은 쉽게 끝이 나고 만다.

含德之厚, 比於赤子.
毒蟲不螫,
猛獸不據,
攫鳥不搏.

骨弱筋柔而握固, 未知牝牡之合而朘作,
精之至也.
終日號而不嗄,
和之至也.

知和曰常,
知常曰明.
益生曰祥.
心使氣曰强.

物壯則老,
是謂不道.
不道早已.

【赤子】 갓난아이. 순진무구한 상태. 노자는 이를 최상의 자연으로 보았음.
【攫鳥】 먹이를 낚아채는 새, 즉 수리 종류를 말함.
【朘作】 '朘'는 갓난아이의 음경. '朘作'은 갓난아이의 음경이 발기함을 뜻함.
【嗄】 嗄는 啞와 같음. 목이 쉬어 소리가 나오지 않음을 뜻함.
【祥】 모든 길흉의 징조. 여기서는 '殃'과 첩운으로 災殃의 뜻으로 봄.

056 제56장
아는 자는 말하지 못한다

아는 자는 이를 말로 표현해 내지 못하고,
말로 하는 자는 이를 알지 못하고 있는 것이다.

그 욕망의 드나듦을 막고,
그 욕망의 문을 닫으며,
그 날카로움을 꺾어버리고,
그 얽힘을 풀어 버리며,
그 빛을 조화시키며,
그 티끌 세상을 아무 불편함이 없이 함께 하는 것,
이를 일러 현동玄同이라 한다.

그러므로 이것을 친해 볼 수 없고,
이를 멀리할 수도 없으며,
이롭게 할 수 없으며,
해칠 수 없고,
귀히 여길 수 없으며,
천히 여길 수도 없다.

그 때문에 천하에서 귀한 것이 되는 것이다.

知者不言,
言者不知.

塞其兌,
閉其門,
挫其銳,
解其紛,
和其光,
同其塵.
是謂玄同.

故不可得而親,
不可得而疏;
不可得而利,
不可得而害;
不可得而貴,
不可得而賤.

故爲天下貴.

【兌】정욕이 드나드는 문.
【玄同】만물과 융합하여 같아짐.

057 제57장
법령이 많을수록 도적도 많아진다

바른 정도[正]로써 나라를 다스리고,
기이한 책략[奇]으로써 전쟁을 하는 것이요,
아무 일 없는 것[無事]으로써 천하를 얻는 것이다.
그렇게 되는 것을 내가 어찌 아는가?

다음의 원리로써 아는 것이다.
세상에 금지하는 법률이 많을수록
백성은 더욱 가난해지고,
조정에 이기[利器]가 많을수록
나라는 더욱 혼란과 암흑이 있게 된다.
사람에게 재주와 교묘함이 많을수록
기괴한 물건이 자꾸 생겨나게 되고,
법령이 세밀해질수록
도적은 더욱 많아진다.

그 때문에 성인이 이렇게 말하였다.
"내가 작위 없이하면 백성들이 저절로 교화[化]되고,
내가 고요함을 좋아하면 백성들은 저절로 정도[正]를 가게 되며,
내가 일을 자꾸 꾸미지 않으면 백성은 저절로 부유[富]해지며,
내가 하고자 함이 없으면 백성은 저절로 순박[樸]해진다."

以正治國,
以奇用兵,
以無事取天下.
吾何以知其然哉?

以此:
天下多忌諱,
而民彌貧;
朝多利器,
國家滋昏;
人多伎巧,
奇物滋起;
法令滋彰,
盜賊多有.

故聖人云:
「我無爲而民自化,
我好靜而民自正,
我無事而民自富,
我無欲而民自樸.」

【奇】전쟁은 기이한 책략을 써서 이기는 것을 높이 여김.
【利器】나라를 다스리는 교묘한 權이나 勢.
【伎巧】技巧와 같음.

058 제58장
화는 복이 기숙하는 곳이요

그 정치가 느슨하면
그 백성은 순박해지며,
그 정치가 꼼꼼하면
그 백성은 피할 구멍을 찾는다.

화란 복이 기대어 의지하는 바요,
복이란 화가 그 속에 잠복해 있는 곳이다.

누가 그 극치를 알겠는가?
그것은 따로 정도[正]를 없애는 것이다.
정도를 내세우면 그것이 다시 기괴[奇]함이 되고,
잘하고자 하는 것은 다시 요사함[妖]이 되고 만다.

사람들이 헤맨 것이 그 날들이 진실로 오래되었다.

이 때문에 성인은 방정方正하게 하되 끊지 아니하고,
모나게 하되 남이 다치게 하지는 아니하며,
곧게 하되 제멋대로 마구 하지 아니하며,
빛나게 하되 눈부시게 하지는 않는다.

其政悶悶,
　其民醇醇;
　其政察察,
　其民缺缺.

禍兮福之所倚,
福兮禍之所伏.

孰知其極?
　其無正.
　正復爲奇,
　善復爲妖.

人之迷, 其日固久.

是以聖人方而不割,
　廉而不劌,
　直而不肆,
　光而不耀.

【悶悶】고민하여 관대히 해줌.
【缺缺】교활하여 속임수를 씀.
【劌】날이 날카로워 다치게 함. 傷과 같음.

나라는 근본을 가져야 한다

사람을 다스리고 하늘을 섬김에는
아끼고 사랑하는 것이 제일이다.

이렇게 아끼고 사랑하면 사람들이 곧 도에 나서서 얼른 복종하게
된다.
얼른 나서서 도에 복종하는 것을 일러 덕을 겹으로 쌓는다고 한다.
덕을 겹으로 쌓게 되면 극복하지 못할 것이 없고,
극복하지 못할 것이 없게 되면 그 지극함이 어디까지인지 알 수
없게 된다.

그 지극함이 어디까지인지를 알 수 없는 경지에 이르면
나라를 가질 수 있다.
나라를 다스리는 근본[母]을 갖게 되면
오래도록 지켜갈 수가 있다.

이를 일러 뿌리가 깊고 바탕이 견고하여
오래 길이 살아날 수 있는 도라고 말하는 것이다.

治人, 事天, 莫若嗇.

夫唯嗇, 是以早服.
早服謂之重積德;
重積德則無不克;
無不克則莫知其極;

莫知其極, 可以有國;
有國之母, 可以長久.

是謂深根固柢,
長生久視之道.

【嗇】아까워함. 아낌. 사랑함. 인색함. 그러나 이를 '蓄'자로 보아 '저축하다'의
뜻으로 새기기도 함.
【長生久視】長生久活과 같음. '視'는 '活'과 같은 뜻으로 풀이함.

060 제60장
나라 다스림은 생선 조리하듯이

큰 나라를 다스림에는
마치 작은 생선을 조리하듯이 해야 한다.

도로써 천하를 다스리면 귀신도 신령한 역할을 발휘하지 못하며,
귀신은 신령한 역할을 발휘하지 못할 뿐 아니라
귀신일지라도 사람을 상하게 하지도 못한다.
귀신이 사람을 상하게 하지 못할 뿐 아니라
성인일지라도 사람을 상하게 하지 못한다.

이 두 가지가 사람을 상하게 하지 못하니,
그 때문에 덕이 교대하는 이곳으로 복귀하는 것이다.

〈揚場圖〉 1972년 甘肅 嘉峪關 戈壁灘 魏晉墓 출토.

治大國, 若烹小鮮.

以道莅天下,
　其鬼不神;
非其鬼不神,
　其神不傷人;
非其神不傷人,
聖人亦不傷人.

夫兩不相傷,
故德交歸焉.

【莅】莅, 臨과 같음. 임하여 다스림. 모두 雙聲 관계로 가차하여 씀.

061 제61장
큰 것이 아래에 처해야 이치에 맞다

큰 나라는 물이 아래쪽으로 모여드는 것처럼
차례로 천하가 모여드는 곳이다.

천하의 동물 중에 암컷과 같다.
암컷은 항상 고요한 성격을 지녀 수컷을 이기니,
이는 고요함을 가지고 자신을 낮추어 아래로 삼기 때문이다.

그러므로 큰 나라가 작은 나라 아래에 처하면
작은 나라가 자신에게 다가올 수 있도록 할 수 있고,
작은 나라가 큰 나라 아래에 처하면
큰 나라로부터 많은 것을 얻을 수 있다.

따라서 혹 아래로 처하여 남이 숙여오도록 하기도 하고
혹 아래에 처하여 얻어낼 수도 있는 것이다.

큰 나라란 남을 겸병하여 다스리고 싶어하는 나라에 지나지 않고,
작은 나라란 남에게 들어가 그를 섬기고 싶어하는 나라에 지나지
않는다.

무릇 두 나라는 각기 무엇을 얻고자 함에는
의당 큰 것이 스스로 낮추어 아래에 처하여야 한다.

大國者下流,
　天下之交.

　天下之牝,
牝常以靜勝牡,
　以靜爲下.

故大國以下小國,
　則取小國;
小國以下大國,
　則取大國.

　故或下以取,
　或下而取.

大國不過欲兼畜人,
小國不過欲入事人.

夫兩者各得所欲,
　大者宜爲下.

【兼畜】남의 나라를 겸병하여 다스리고자 함.

도란 만물의 깊은 방

도란 만물의 깊은 방이다.

착한 사람에게는 보물이며
착하지 못한 사람도 보호받을 수 있는 곳이다.

미언美言은 가히 남에게 존경을 받고자 함일 뿐이며,
미행美行은 가히 남에게 과시할 수 있는 것일 뿐이다.
착하지 못한 사람이라고 해서
도가 어찌 그를 포기하겠는가?

그러므로 천자를 세우고 삼공三公의 직책을 두는 것이니,
비록 그들에게 아름드리 큰 구슬을 잡고 사마駟馬보다 앞서 선물을
바치는 자가 있다 해도
이는 가만히 앉아 있는데 이러한 도를 갖다 바쳐오는 것만 못한
것이다.

옛날에 이러한 도를 귀하게 여긴 것은 무슨 이유이겠는가?
그것은 "얻고자 하면 얻을 수 있고 죄가 있어도 면할 수 있는 것이
도이기 때문"이라고 말할 수 있지 않겠는가?
그러므로 도는 천하에서 귀한 것이 되는 것이다.

道者萬物之奧.

善人之寶,
不善人之所保.

美言可以示尊,
美行可以加人.
人之不善, 何棄之有?

故立天子, 置三公,
雖有拱璧以先駟馬,
不如坐進此道.

古之所以貴此道者何?
不曰: 求以得, 有罪以免邪?
故爲天下貴.

【奧】 심오한 곳, 깊은 방. 그러나 다른 판본에는 '注'자로 되어 있다.
【加人】 남에게 과시하거나 요구함.
【拱璧】 한 아름이나 되는 아주 큰 구슬.

063 제63장
열심히 해야 할 일이란 바로 무위無爲

아무 작위 없음[無爲]을 해야 할 일로 삼고,
아무 일 없음[無事]를 일거리로 삼으며,
아무 맛없음[無味]을 참된 맛으로 삼아라.

작은 것을 크게 여기며 적은 것을 많다 여기고,
덕으로써 원한을 갚아라.

어려운 일은 쉬울 때에 도모하고,
큰 일은 미세할 때에 처리하라.

천하에 어려운 일은
반드시 쉬운 데에서 시작하고,
천하의 대사는
반드시 미세한 데에서 시작하라.

성인은 끝까지 큰 일을 벌이려 들지 않기 때문에
능히 그 큰 것을 성취할 수 있는 것이다.

대체로 가볍게 허락하는 말은 믿음이 적을 수밖에 없고,
쉽게 덤빈 일일수록 어려움을 많이 만나게 된다.

따라서 성인은 오히려 모든 일을 어렵다 여기기 때문에
끝내 어려움이 없는 것이다.

爲無爲,
事無事,
味無味.

大小多少,
報怨以德.

圖難於其易,
爲大於其細.

天下難事, 必作於易;
天下大事, 必作於細.

是以聖人終不爲大,
故能成其大.

夫輕諾必寡信,
多易必多難.

是以聖人猶難之,
故終無難矣.

【寡信】 믿음이 적어짐. 믿음을 제대로 심어줄 수 없음.

064 제64장
천리 먼길도 발 아래서 시작된다

안정된 상황에서는 그 상황을 쉽게 지켜낼 수 있고,
아직 조짐이 드러나지 않은 상황에서는 묘책을 짜기가 쉽다.

취약한 것은 쉽게 쪼개어지고,
미세한 것은 쉽게 흩어진다.

그러니 아직 있지 않을 때에 이를 처리하고,
아직 혼란이 오지 않았을 때 이를 다스려야 한다.

아름드리 큰 나무도 터럭 끝 같은 작은 싹에서 자란 것이며,
구층의 높은 누대도 흙을 겹쳐 쌓은 데에서부터 세워진 것이며,
천리의 먼길도 발 아래에서 시작되는 것이다.

작위를 보태려 하면 실패하기 마련이요,
잡고자 안달하면 잃게 되기 마련이다.

이로써 성인은 하지 않음[無爲]을 행하기 때문에 실패가 없는 것이요,
고집 없음[無執]을 고집하기 때문에 잃음이 없는 것이다.

사람들의 일하는 모습을 보면
언제나 거의 완성되었을 때 실패하고 만다.
그 끝맺음을 조심하기를 시작할 때처럼 하면
실패하는 일이 없을 것이다.

이로써 성인은 하고자 하지 않음[不欲]을 하고자 하는 것으로 삼으며,
얻기 어려운 재물을 귀히 여기지 않는다.
배우지 않음[不學]을 배움으로 삼아
여러 사람의 잘못하는 바를 도道에게 복귀시킨다.

그리하여 만물의 자연스러움을 도와줄 뿐,
감히 무엇을 덧보태어 일을 하겠다고 하지 않는다.

其安易持, 其未兆易謀.

其脆易泮,
其微易散.

爲之於未有,
治之於未亂.

合抱之木, 生於毫末.
九層之臺, 起於累土.
千里之行, 始於足下.

爲者敗之, 執者失之.

是以聖人無爲故無敗,
無執故無失.

民之從事,
常於幾成而敗之.
愼終如始,
則無敗事.

是以聖人欲不欲,
不貴難得之貨;
學不學,
復衆人之所過.

以輔萬物之自然,
而不敢爲.

【泮】判과 같음. 쪼개어짐.

065 제65장
백성을 어리석게

옛날에 도를 잘 실행한 자는
백성을 명철한 사람으로 만든 것이 아니라
장차 그들을 우직하게 하였다.

백성을 다스리기 어려운 것은 그들이 지모智謀가 많기 때문이었다.

그 때문에 지모로써 나라를 다스리는 것은 나라의 도적이 되는 셈이요,
나라를 다스리되 지모로써 하지 않는 것이 바로 나라의 복이다.

이 두 가지는 역시 훌륭한 법칙임을 알아야 한다.

항상 이 훌륭한 법칙을 알고 있는 것,
이를 일러 현덕玄德이라 한다.

현덕은 깊고 아득하도다.
보기에는 만물과 서로 상반되는 것 같도다!
그러나 나중에 보면 그것이 크게 순조로움[大順]에 이르는 것임을
알리라.

古之善爲道者, 非以明民, 將以愚之.

民之難治, 以其智多.
故以智治國, 國之賊;
不以智治國, 國之福.

知此兩者亦稽式.
常知稽式,
是謂玄德.

玄德深矣遠矣;
與物反矣!
然後乃至大順.

【明民】 백성들에게 기교나 속임을 가르침.
【稽式】 훌륭한 법식(법칙).
【大順】 大道(天道)에 자연스럽게 따르는 경지.

066 제66장
강과 바다는 온갖 골짜기 물을 받아들이는 왕

강이나 바다가 능히 온갖 골짜기 물의 왕이 될 수 있는 것은
그것이 낮은 곳에 처하기를 잘하기 때문이다.
그 때문에 능히 온갖 골짜기의 왕이 될 수 있는 것이다.

이로써 성인은 백성의 위에 있고자 하면
반드시 말을 낮추어 그 아래에 처하며,
백성보다 앞서고자 하면
반드시 그 자신을 그들 뒤로 하는 것이다.

이로써 성인은 위에 있어도 백성은 무게를 느끼지 아니하며,
앞서 있어도 백성은 방해된다고 여기지 아니한다.

이로써 천하가 즐겨 그를 추대하면서도 싫어하지 않는 것이다.
그는 다투지 않기 때문에,
천하에 그 누구도 그와 더불어 다투려 하지 않는 것이다.

江海所以能爲百谷王者，以其善下之，
　　故能爲百谷王．

　　是以聖人欲上民，必以言下之；
　　　　欲先民，必以身後之．

是以聖人處上而民不重；
　　處前而民不害．

是以天下樂推而不厭．
　　以其不爭，
故天下莫能與之爭．

【百谷王】谷神의 경지. 강과 바다는 모든 골짜기의 물을 모두 받아들임. 王은
往으로 보아 '그리로 가다'의 뜻으로 새기기도 함.
【樂推】추대함을 즐겁게 여김.

067 제67장
큰 도는 어리숙해 보인다

천하가 모두 나의 도를 두고 크다고 한다.
그러나 크기는 크지만 똑같지는 않다.
대체로 아주 크기 때문에 똑같지 않은 듯이 보이는 것이다.
만약 똑같다면 그것은 별것 아닌 것이 된 지 오래였을 것이다.

나에게는 세 가지 보물이 있으니 이를 지녀 보존하고 있다.
첫째는 자애로움[慈]이요,
둘째는 검소함[儉]이며,
셋째는 감히 천하보다 앞서지 않겠다는 것이다.

자애롭기에 능히 용감할 수가 있고,
검소하기에 능히 넓을 수 있으며,
감히 천하보다 앞서지 않겠다고 함으로써
능히 그릇을 이루어 우두머리가 될 수 있는 것이다.

지금 자애로움을 버리고 용맹만을 취하려 덤기거나,
검소함을 버리고 넓기만을 바라며,
뒤로 물러나는 겸손을 버리고 앞서기만을 바란다면 이는 곧 죽음에
이르는 길이다!

무릇 자애로움을 가지고 전쟁에 임하면 승리할 것이요,
자애로움으로 지켜 내면 견고해질 것이다.

하늘이 장차 그를 구원해 줌에는
자애를 가지고 그를 보위保衛해 주는 것이다.

天下皆謂我道大, 似不肖.
夫唯大, 故似不肖.
若肖, 久矣其細也夫.

我有三寶, 持而保之.
一曰慈,
二曰儉,
三曰不敢爲天下先.

慈故能勇,
儉故能廣,
不敢爲天下先, 故能成器長.

今舍慈且勇,
舍儉且廣,
舍後且先, 死矣!

夫慈, 以戰則勝,
以守則固.

天將救之, 以慈衛之.

摩河 宣柱善(현대)

【舍】捨와 같음. 버림.

〈鳳凰畫像〉磚刻畫

승리를 잘하는 자는 싸움을 하지 않는다

훌륭한 장수 노릇을 하는 자는 무용을 드러내지 않으며,
훌륭한 전사戰士는 노기를 드러내지 않으며,
승리를 잘 이끌어 내는 자는 적과 대적하려 들지 않으며,
사람을 잘 부리는 자는 자신을 잘 낮춘다.

이를 일러 다투지 않는 덕이라 하며,
이를 일러 사람을 다루는 힘이라 하고,
이를 일러 하늘과 짝하는 지극함이라 한다.

〈竹林七賢圖〉 江蘇 南京 西善橋 東晉墓 석각화. 1960년 출토

善爲士者不武,
　善戰者不怒,
善勝敵者不與,
善用人者爲之下.

是謂不爭之德,
是謂用人之力,
是謂配天之極.

【爲士】士는 將帥. 장수의 직무를 잘 수행함.
【配天】하늘의 이치에 짝을 이룸.

애달프게 우는 자 승리하리라

용병用兵에 대하여 이러한 말이 있다.
"나는 감히 전쟁의 주인이 되지 않고 객이 된다.
나는 감히 한 치寸를 전진하지 않고 오히려 한 자를 후퇴한다."

이를 일러 행군하려 하나 행군할 이유가 없고,
소매를 걷어붙였으나 맞싸울 상대의 팔뚝이 없고,
무력을 행사하고자 하나 싸울 적병이 없으며,
끌어다 싸워보고자 하나 대적할 상대가 없는 것이라 한다.

재앙은 적이 없을 때보다 큰 것이 없으니,
적이 없으면 나의 보물을 거의 잃게 된다.

그러므로 적과 대항하여 싸움이 심해질 때
슬픔을 갖는 자가 이기게 되는 것이다.

用兵有言:
「吾不敢爲主而爲客,
　不敢進寸而退尺.」

是謂行無行,
　攘無臂,
　執無兵,
　扔無敵.
禍莫大於輕敵,
輕敵幾喪吾寶.

故抗兵相加,
　哀者勝矣.

【扔】 잡아당김. 끌어다 싸움을 벌임.
【抗兵】 군대로써 항거함. 항전의 뜻.
【輕敵】 다른 판본에는 '無敵'으로 되어 있음.
【哀】 자애(慈愛)의 뜻으로 보는 견해도 있음.

거친 옷에 옥을 품은 듯이

나의 말은 심히 쉽게 알 수 있고 쉽게 행할 수 있다.
그런데도 천하 사람들은 이를 능히 알지 못하고 능히 실행해내지
못한다.

말에는 종지가 있고,
섬김에는 그 대상인 임금이 있다.

무릇 이러한 이치를 알지 못하기 때문에 나를 알지 못하는 것이다.
나를 아는 자가 드물고 나를 본받는 자가 아주 적다.

이로써 성인은 입은 옷은 거친 갈의褐衣이지만 품은 것은 귀한 옥인
것이다.

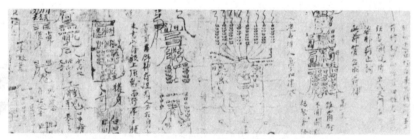

《老子鬳齋口義》宋, 林希逸(撰) 〈續修四庫全書〉本 子部 道家類

吾言甚易知, 甚易行.
天下莫能知, 莫能行.

言有宗,
事有君.

夫唯無知, 是以不我知.
知我者希, 則我者貴.

是以聖人被褐懷玉.

【褐】 거친 옷. 천한 자의 옷.

071 제71장
알면서 알지 못한다는 것

알면서 알지 못한다고 여기는 것이 최상이며,
알지 못하면서 안다고 여기는 것이 병病이다.

성인이 이러한 병이 없는 것은 그 병을 병으로 여기기 때문이다.
무릇 병으로 병을 여기기 때문에 이로써 병이 되지 않는 것이다.

〈野牛圖〉 西魏, 敦煌 249窟

知, 不知, 上;
不知, 知, 病.

聖人不病, 以其病病.
夫唯病病, 是以不病.

【病病】 병폐가 무엇인지 알아 이를 인정함.

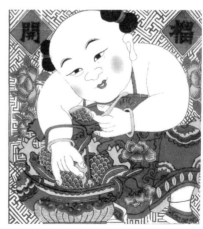

〈榴開百子圖〉 淸代 年畫. 山東 濰坊에서 발견

백성이 위엄을 모르면

백성이 위엄을 두려워하지 않으면
더 큰 위엄을 세울 수 있다.

그들의 삶에 가까이하여 친하려 들지 말며,
그들의 삶에 억누름을 없이 해야 한다.

억누름이 없으면
백성들이 억눌림이 무엇인지 알지 못한다.

이로써 성인은 자신이 아는 것을 스스로 드러내지 아니하고,
자신이 사랑하는 것을 스스로 귀하게 여기지 않는다.

그러므로 저것을 버리고 이것을 취하는 것이다.

民不畏威, 則大威至.

無狎其所居,
無厭其所生.

夫唯不厭,
是以不厭.

是以聖人自知不自見,
自愛不自貴.

故去彼取此.

【狎】親狎함. 친하다고 여겨 마구 행동함.
【厭】壓과 같음. 억눌러 이끌어감을 뜻함.
【去彼取此】저것(彼)은 自見·自貴를 뜻하며, 이것(此)는 自知·自愛를 뜻함.

073 제73장
하늘의 도는 다투지 않는다

무슨 일을 감행敢行하는 데에 용맹하게 굴면 죽음에 이르게 되고,
감행하지 않는 데에 용맹하게 되면 살아날 수 있다.

이 두 가지에서 보듯이 혹 이익도 되고 혹 손해도 되는 것이 있다.

하늘이 싫어하는 것이 무엇인지
누가 그 이유를 알겠는가?
이로써 성인도 오히려 이런 경우를 어렵게 여긴 것이다.

하늘의 도는
다투지 않아도 훌륭한 승리를 이끌어내고,
말하지 않아도 훌륭한 응답이 있으며,
부르지 않아도 스스로 찾아오며,
태연히 있어도 훌륭한 모책이 있게 마련이다.

하늘이라는 그물은 넓고 넓어 성긴 것 같으나 결코 빠트리는 것이
없다.

勇於敢則殺,
勇於不敢則活.

此兩者, 或利或害

天之所惡, 孰知其故?
是以聖人猶難之.

天之道,
不爭而善勝,
不言而善應,
不召而自來,
繟然而善謀.

天網恢恢, 疏而不失.

【繟然】 관대하여 너그러운 모습.
【恢恢】 하늘이 공허하여 만물이 새는 듯이 보임.

074 제74장
나무를 찍는 자 제 손을 다치리라

백성이 죽음을 두려워하지 않는다면
어찌 죽음을 가지고 그들에게 겁을 줄 수 있겠는가?
만약 백성들로 하여금 죽음이라는 것을 항상 두려워하게 하는데도
기이한 짓을 하는 자가 있어,
내가 죄 있는 자를 잡아죽이겠다고 하면
누가 감히 그런 짓을 하겠는가?

사람을 죽이는 일을 맡은 자가 항상 따로 있어 그가 사람을 죽이는
것이다.

그런데 죽이는 일을 맡은 자를 대신하여 사람을 죽인다면,
이는 대장장이(목수)가 하는 나무를 베는 일을 대신 맡아하는 것이
된다.

대장장이가 할 일을 대신하여 나무를 베는 자가
자신의 손을 다치지 않는 경우란 드물 것이다.

民不畏死,
奈何以死懼之?
若使民常畏死,
而爲奇者,
吾得執而殺之,
孰敢?
常有司殺者殺.
夫代司殺者殺,
是謂代大匠斲.

夫代大匠斲者,
希有不傷其手矣.

【大匠】 물건을 찍고 자르고 하여 원래 모습을 바꾸는 대장장이.
【斲】 깎음. 찍어 모습을 바꿈.

백성이 죽음을 가볍게 보는 것은

백성의 굶주림은
그 윗사람이 세금을 많이 거두기 때문이니,
이 때문에 굶주릴 수밖에 없는 것이다.

백성을 다스리기 어려운 것은
그 윗사람이 인위적인 다스림을 베풀기 때문이니,
이로써 다스리기 어렵게 되는 것이다.

백성이 죽음을 가볍게 여기는 것은
그 윗사람이 자신의 삶을 풍족하게 하고자 함이 너무 심하기 때문이니,
이로써 죽음을 아무렇지 않게 여기는 것이다.

자신의 삶을 위하여 일을 벌이지 않는 것이
그 삶을 귀하게 여기는 것보다 더 현명한 자이다.

民之饑, 以其上食稅之多, 是以饑.
民之難治, 以其上之有為, 是以難治.
民之輕死, 以其上求生之厚, 是以輕死.

夫唯無以生為者,
　　是賢於貴生.

〈鬪牛圖〉 山西 綏德墓 출토

076 제76장
죽은 것은 뻣뻣하다

사람이 살아 있을 때는 부드럽고 약하지만
죽고 나면 뻣뻣하고 강해지고 만다.
만물의 초목도 살아 있을 때는 부드럽고 취약하지만
그것이 죽고 나면 마르고 빳빳해진다.

그러므로 뻣뻣하고 강한 것은 죽어 있는 무리요,
부드럽고 약한 것은 살아 있는 부류이다.

이와 같은 이치로써 병력이 강하면 싸움에서 이길 수 없고,
나무가 강하면 꺾이고 만다.

강대한 것은 아래에 있고,
유약한 것은 위에 있다.

人之生也柔弱, 其死也堅強.
萬物草木之生也柔脆, 其死也枯槁.

故堅强者死之徒,
柔弱者生之徒.

是以兵强則不勝,
木强則兵.

强大處下,
柔弱處上.

【柔脆】부드럽고 취약함.
【木强則兵】나무가 강하면 그에 맞는 베고자 함이 있게 마련임을 말함.

077 제77장
현명함을 드러내지 않는다

하늘의 도는 마치
활을 당기는 것과 같도다!
높은 것은 눌러 낮추고 낮은 것은 높여 들어야 하며,
남는 것은 덜어주고, 부족한 것은 보충해주어야 한다.

하늘의 도는 남는 것을 덜어 부족한 것을 보충해주는 것이다.
사람의 도는 그렇지 못하니, 부족한 것을 덜어내어 남는 자를 봉양한다.
누가 능히 남는 게 있어 이로써 천하를 봉양할 수 있겠는가?
오직 도 있는 자만이 그렇게 할 수 있다.

이로써 성인은 위해주면서도 뽐내지 않으며,
공이 이루어져도 자처하지 않는다.
자신의 현명함을 드러내고자 하지 않기 때문이다.

〈燙鷄圖〉 1972년 甘肅 嘉峪關 戈壁灘 魏晉墓 출토

天之道,
其猶張弓與!
高者抑之,
下者擧之;
有餘者損之,
不足者補之.

天之道,
損有餘而補不足;
人之道,
則不然,
損不足以奉有餘.

孰能有餘以奉天下?
唯有道者.

是以聖人爲而不恃,
功成而不處,
其不欲見賢.

【恃】자신의 능력을 과신함.

078 제78장
천하에 물보다 부드러운 것이 없지만

천하에 물보다 유약한 것이 없다.
그러나 공격에 그 어떤 굳고 강한 것도 이 물을 이겨내지 못한다.
그러므로 이러한 이치는 그 무엇으로도 바꿀 수가 없다.

약한 것이 강한 것을 이기고,
부드러운 것이 굳센 것을 이긴다.
이것은 천하에 누구나 아는 것이건만
능히 실행하지 못하는 것이다.

그러므로 성인이 이렇게 말하였다.
"나라의 온갖 때를 다 뒤집어쓰는 것, 이를 일러 사직의 주인이라
하며,
나라의 상서롭지 못한 것을 다 받아내는 것, 이를 천하의 왕이라
한다."

옳은 말은 마치 상반된 듯이 보이는 것이다.

天下莫柔弱於水,
而攻堅強者莫之能勝.
以其無以易之.

弱之勝强,
柔之勝剛,
天下莫不知,
莫能行.

是以聖人云:
「受國之垢, 是謂社稷主;
受國不祥, 是謂天下王.」

正言若反.

【强】 강하고 굳셈. 弱의 상대되는 말.
【剛】 딱딱하고 뻣뻣함. 柔의 상대되는 말.

하늘의 도는 편애가 없다

큰 원한은 화해한다 해도
반드시 남은 원한이 있게 마련이니
그것이 어찌 가히 선善이 될 수 있겠는가?

이 때문에 성인은 채무자처럼 채권문서[左契]를 잡고 있는 위치이면서도
남에게 책임을 지우는 일이 없다.

덕있는 자는 계약서[契]를 맡은 자처럼 행동하고,
덕 없는 자는 철徹이라는 세금을 거두는 관리처럼 각박하게 군다.

하늘의 도는 누구를 편들어 친히 하는 법이 없으며,
언제나 선인과 함께 할 뿐이다.

人善與常親夫道天

如初 金膺顯

和大怨, 必有餘怨,
安可以爲善?

是以聖人執左契,
而不責於人.

有德司契,
無德司徹.

天道無親,
常與善人.

靑谷 金春子(현대)

【左契】 계약서를 뜻함.
【徹】 周代의 세금 명칭. 세금을 거두는 일처럼 남에게 취하기만 할 뿐, 베푸는
 것이 없음을 뜻함.

080 제80장
자연대로의 백성들

나라를 작게 하고 백성의 수를 줄여라.

그들로 하여금 온갖 일상 도구[什伯之器]를 갖추어 주어도 사용하지 않으며,

그들로 하여금 죽음을 중한 일로 여기게 하면 멀리 이사를 가지 않는다.

비록 배와 수레가 있다 해도 이를 타고 다닐 일이 없으며,

비록 갑옷과 무기가 있다 해도 이를 전쟁에 쓸 일이 없다.

이는 백성들로 하여금 다시 옛날의 결승結繩의 시대로 복귀시켜 그 때의 것을 쓰도록 하는 것이다.

그 음식을 달게 여기고,

그 옷을 아름답게 여기며,

그 평소의 삶을 편안히 여기며,

그 풍속을 즐겁게 여기리라.

이웃나라가 서로 이어져 바라보이며

닭이나 개 울음소리가 서로 들리는 가까운 사이일지라도

백성들은 늙어 죽도록 서로 왕래할 일이 없을 것이다.

小國寡民,
使有什伯之器而不用,
使民重死而不遠徙.
雖有舟輿, 無所乘之;
雖有甲兵, 無所陳之.
使民復結繩而用之.

甘其食,
美其服,
安其居,
樂其俗.

鄰國相望,
雞犬之聲相聞,
民至老死不相往來.

【什伯之器】 병기 혹은 군용품 일체, 또는 일상의 훌륭한 각종 기구라고도 함.
【結繩】 고대 문자가 없던 시절 새끼줄로 엮어 기억을 보조함. 노자는 그러한
시대를 태평하여 자연 그대로 사는 이상세계로 본 것임.

081 제81장
미더운 말은 아름답지 않다

믿음이 있는 말은 아름답게 꾸미지 않으며,
아름답게 꾸민 말은 믿음이 없다.

잘하는 자는 언변이 뛰어나지 못하고
언변이 뛰어난 자는 일을 잘 처리하지 못한다.

아는 사람은 넓지 못하고
넓은 자는 알지 못한다.

성인은 쌓아두지 않은 채,
이미 남을 위해 썼건만 자기에게는 남음이 있고,
이미 남에게 주었건만 자기에게는 그럴수록 많다.

하늘의 도는
이롭게 하되 해를 끼치지 아니하고,
성인의 도는
작위하되 다투지 않는다.

信言不美, 美言不信.
善者不辯, 辯者不善.
知者不博, 博者不知.

聖人不積,
旣以爲人己餘有,
旣以與人己愈多.

天之道, 利而不害;
聖人之道, 爲而不爭.

【信言】 믿음을 주는 말.
【美言】 아름답게 꾸며서 하는 말.

四川省 成都 灌縣 青城山 道教 발상지

〈玉女〉元代 그림. 山西 永濟縣 永樂宮 벽화

〈孔子問禮於老子圖〉

〈老子騎牛圖〉(목각)

〈老子騎牛圖〉明, 陳洪綬(그림)

임동석중국사상100

노 자
老子(道德經)
부 록

李耳 著 / 林東錫 譯註

임동석(茁浦 林東錫)

慶北 榮州 上茁에서 출생. 忠北 丹陽 德尙골에서 성장. 丹陽初中 졸업. 京東高 서울 教大 國際大 建國大 대학원 졸업. 雨田 辛鎬烈 선생에게 漢學 배움. 臺灣 國立臺灣師 範大學 國文硏究所(大學院) 博士班 졸업. 中華民國 國家文學博士(1983). 建國大學校 教授. 文科大學長 역임. 成均館大 延世大 高麗大 外國語大 서울대 등 大學院 강의. 韓國中國言語學會 中國語文學硏究會 韓國中語中文學會 會長 역임. 저서에《朝鮮譯 學考》(中文)《中國學術槪論》《中韓對比語文論》. 편역서에《수레를 밀기 위해 내린 사람들》《栗谷先生詩文選》. 역서에《漢語音韻學講義》《廣開土王碑硏究》《東北民族 源流》《龍鳳文化源流》《論語心得》〈漢語雙聲疊韻硏究〉등 학술 논문 50여 편.

임동석중국사상100

노자 老子

李耳 著 / 林東錫 譯註

1판 1쇄 발행/2009년 12월 12일

2쇄 발행/2011년 1월 10일

발행인 고정일

발행처 동서문화사

창업 1956. 12. 12. 등록 16-3799(윤)

서울강남구신사동540-22 ☎546-0331~6 (FAX)545-0331

www.epascal.co.kr

잘못 만들어진 책은 바꾸어 드립니다.

*

*

사업자등록번호 211-87-75330

ISBN 978-89-497-0597-2 04080

ISBN 978-89-497-0542-2 (세트)

《帛書老子》

湖南 長沙 馬王堆 出土 (1973) 甲·乙本

1973년 장사長沙 마왕퇴馬王堆 한묘漢墓에서 출토된《백서노자帛書老子》는 상편上篇이 덕편德篇으로, 하편下篇이 도편道篇으로 바뀌어져 있다. 백서帛書란 비단에 쓴 것을 말하며 갑본甲本과 을본乙本이《노자》의 최초본이며, 갑본은 한漢 고조高祖 유방劉邦을 피휘避諱하지 않은 것으로 보아 그 이전에 베낀 것이며, 을본은 유방은 피휘하였으나 혜제(惠帝, 劉盈)와 문제(文帝, 劉恒)는 피휘하지 않은 것으로 보아 그 사이에 나온 것으로 보고 있다. 그리고 모두 2편으로 나누기는 했지만 을본은 끝에 德(3041자)과 道(2426자)자를 표시하여 총 5467자로 되어 있고 분장은 하지 않았다. 이것을 한대漢代 하상공河上公이 81장으로 나누고 1장부터 37장까지를 도경道經, 그 38장부터 81장까지를 덕경德經으로 하였으며, 각 장마다 장의 제목章題을 붙인 것이다.

《노자》
甲本 原形과 釋文

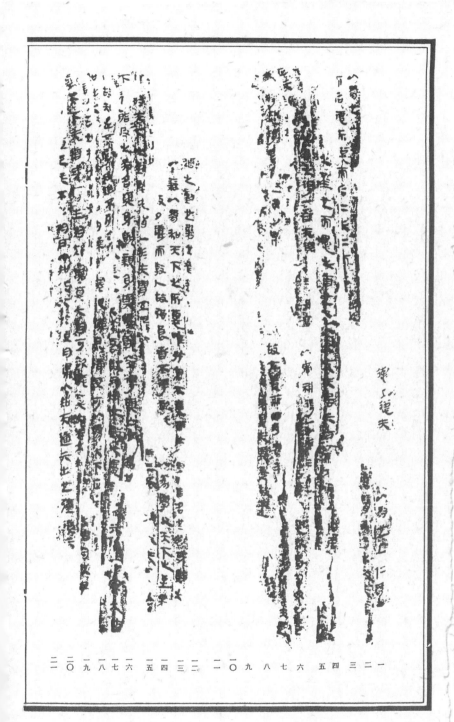

二〇九八七六 五四三二 一〇九八七六 五四三二一

노자 6(355)

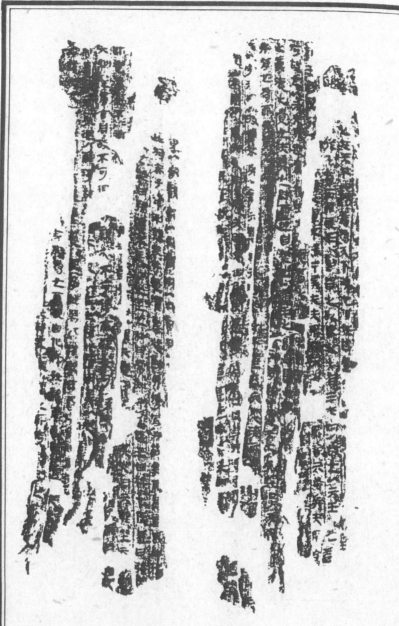

四三 四二 四一 四〇 三九 三八 三七 三六 三五 三四 三三 三二 三一 三〇 二九 二八 二七 二六 二五 二四 二三

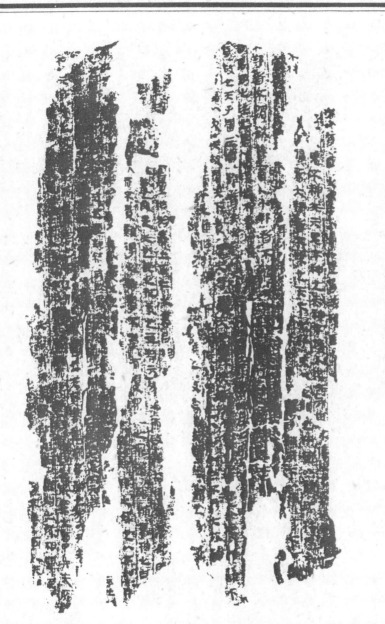

六六　六五　六四　六三　六二　六一　六〇　五九　五八　五七　五六　五五　五四　五三　五二　五一　五〇　四九　四八　四七　四六　四五　四四

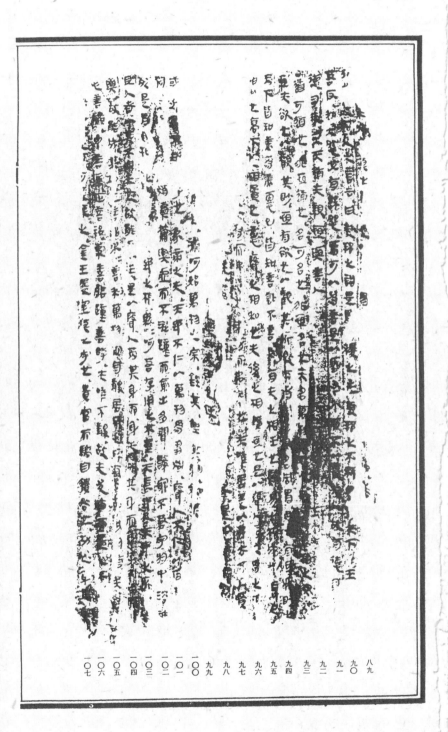

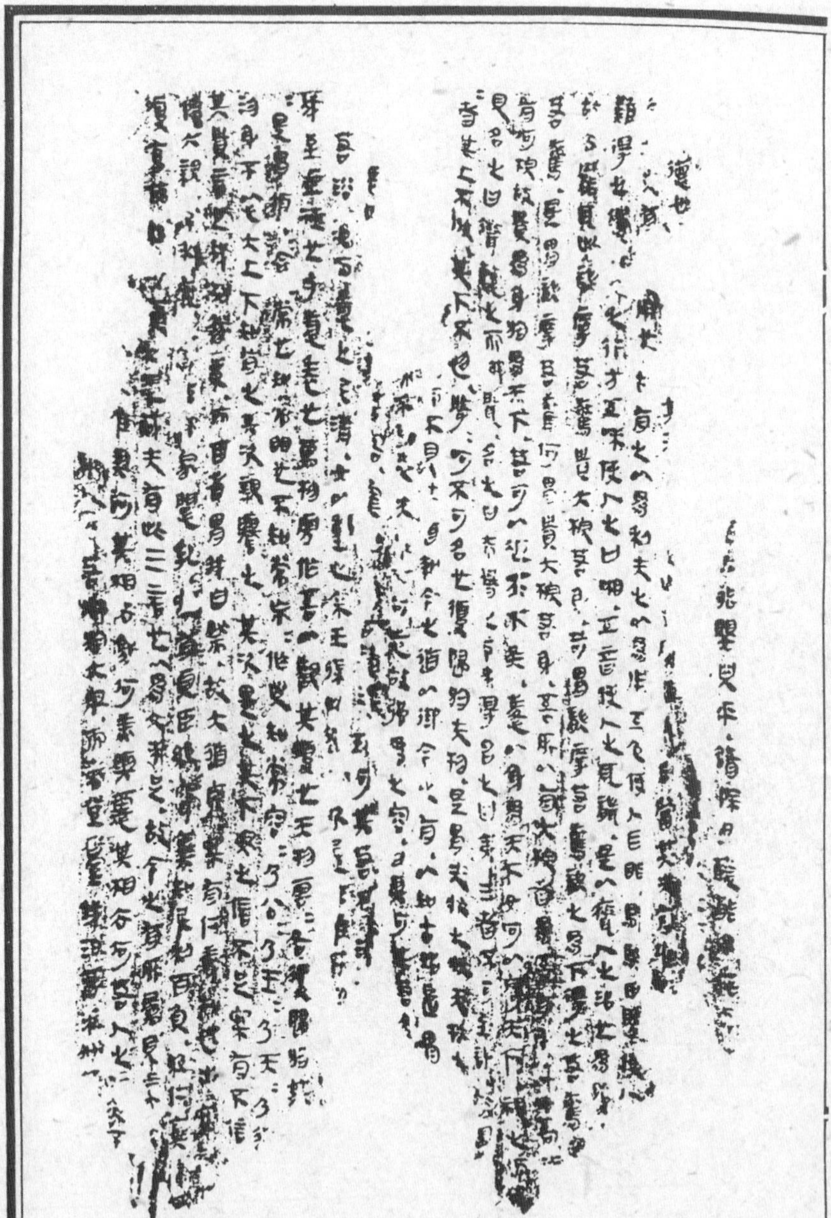
一〇八
一〇九
一一〇
一一一
一一二
一一三
一一四
一一五
一一六
一一七
一一八
一一九
一二〇
一二一
一二二
一二三
一二四
一二五
一二六
一二七
一二八
一二九

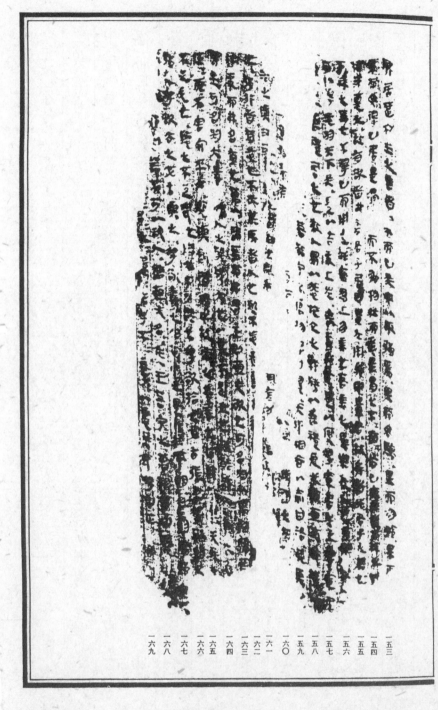

〔上德不德，是以有德。下德不失德，是以无〔爲，而〕德。上德无〔爲〕，而

无以爲也。上仁爲之，〔而无〕一以爲也。上義爲之，而有以爲也。

上禮〔爲之而莫之應也，則〕攘臂而乃（扔）之。故失道[三]而后德，失

德而后仁，失仁而后義，〔失義而后禮。夫禮者，忠信之泊（薄）也，而

亂之首也。前[三]識者，〕道之華也，而愚之首也。是以大丈夫居其厚

而不〔居〕其泊（薄），居〔其實而不居其華。故去〕皮（彼）[四]取此。

昔之得一者，天得一以清，地得〔一〕以寧，神得一以需（靈），浴（谷）

得一以盈，侯〔王得一以爲天下正。〕[五] 其至之也，天毋已清將恐

〔裂，〕胃（謂）地毋〔已寧將〕恐〔發，〕胃（謂）神毋已需（靈）〔將〕恐

歇，胃（謂）浴（谷）毋已盈[六]將恐渴（竭），胃（謂）侯王毋已貴〔以高將

恐蹶。〕故必貴而以賤爲本，必高〔矣〕而以下爲基。夫是〔以〕[七]侯

王自胃（謂）孤寡不彙（穀），此其〔以賤之〕本與，非也？〕故致數與无

與。

是故不欲〔祿祿若〕玉，〔珞珞若石。〕八

〔上士聞道，堇（勤）而行之。中士聞道，若存若亡。下士聞道，大笑之。弗笑，不足以爲道。是以建言有之曰：「明道九如費（眛），進道如退，夷道如纇。」上德如浴（谷），大白如辱，廣德如不足。建德如輸，質眞如渝，大方无禺（隅）。○大器免（晩）成，大音希聲，天象无刑（形），道隱无名。夫唯道，善始且善成。〕一一

〔反也者，道之動也。弱也者，道〔之用也。天下之物生於有，有生於无。〕

〔道生一，一生二，二生三，三生萬物。萬物負陰而〔三抱陽〕沖氣以爲和。天下之所惡，唯孤寡不彙（穀），而王公以自名也。勿或敗（損）之〔而益，或益〕三之而敗（損）。〔人〕所教，夕議而教人。故強良者不得死，我〔將〕以爲學父。

天下之至柔，〔馳〕一四騁於天下之致堅。无有入於无閒，五〔吾〕是以

知无爲之益。不〔言之〕教，无〔爲〕之〔益，天〕一五下希能及之矣。

名與身孰親？身與貨孰多？得與亡孰病？甚〔愛必大費，多藏必厚〕一六

亡。〕故知足不辱，知止不殆，可以長久。

大成若缺，其用不敝。大盈若盅（盅），其用不鐂（窮）。大直一七如詘

〔屈〕，大巧如〔拙，〕大贏如炳。趮（躁）勝寒，靚（靜）勝炅，請（清）靚

〔靜〕可以爲天下正。

·〔天下〕有〔道，郤走馬以〕一八糞。天下无道，戎馬生於郊。·罪莫

大於可欲，〔禍（禍）莫大於不知足，〕圖莫憯於欲得。〔故知〕一九足之足，〕

恆足矣。

不出於戶，以知天下。不規（窺）於牖，以知天道。其出也彌（彌）遠，

其〔知彌少。〕二〇是以聖人不行而知，不見而名，弗〕爲而〔成。〕

〔為〕學者日益，聞道者日損。損之又損，以至於〔二〕无為，无為而无不
為。取天下，恆无事，及其有事也，不足以取天下。
〔聖人恆无〔三〕心〕，以百姓心為〔心〕。善者善之，不善者亦善〔之〕，德
善也。信者信之，不信者亦信之，〔三〕〔德〕信也。〔聖人〕之在天下，
歙歙焉，為天下渾心，百姓皆屬〔其耳目，〕聖人皆〔孩之。〕
〔出〕生，〔入死。〕生之徒十有三，〔二四死之〕徒十有三，而民生生，動
皆之死地之十有三。夫何故也？以其生生也。蓋〔聞善〕〔三五〕執生
者，陵行不〔辟〕兕虎，入軍不被甲兵。矢（兕）无所㨖其角，〔虎
无〕所昔（措）其蚤（爪），兵无所容〔其刃，夫〕〔二六〕何故也？以其无死
地焉。
·道生之而德畜之，物刑（形）之而器成之。是以萬物尊道而貴〔德。
道〕〔二七〕之尊，德之貴也。夫莫之旹（爵），而恆自然也。 ·道，生之，

畜之、長之、遂之、亭〔之〕、毒之、養之、覆之。生而〔二八〕弗有也、為而

弗寺（恃）也、長而弗宰也、此之謂玄德。

天下有始、以為天下母。既得其母、〔以〕知其〔子、〕〔二九〕復守其母、沒

身不殆。· 塞其閦（悶）、閉其門、終身不堇（勤）。啟其悶、濟其事、

終身〔不救〕。見〔明〕小曰〔三〇〕〔明〕守柔曰強。用其光、復歸其明。毋遺

身央（殃）、是胃（謂）襲常。

· 使我〔介〕有知、〔行於〕大道、唯〔三一〕〔施是畏。大〕道甚夷、民甚好解

（懈）。朝甚除、田甚芜、倉甚虛、服文采、帶利〔劍〕、厭（猒）食〔而〕資財有

餘、是謂〔三二〕盜桍。盜桍、非道也。〕

〔善建者不〕拔、〔善抱者不〕脫、子孫以祭祀〔不絕。修之身、其德乃

真。修〔三三〕之家、其德有餘。修之鄉、其德乃長。修之邦、其德乃夆

（豐）。修之天下、其德〔三四〕乃博。以身觀身、以家觀家、以鄉觀鄉、以

邦觀邦，以天〔下〕觀〔天下〕。吾何以知天下之然茲？以此。〕三五

〔含德之厚者，〕比於赤子。蜂蠆虺蛇弗蟄，攫鳥猛獸弗搏。骨

弱筋柔而握固。未知牝〔牡之〕三六會而朘怒，〔精〕〔之至〕也。終日號

而不嗄，和之至也。和曰常，知和曰明，益生曰祥，心使氣曰

強。〔物壯〕三七即老，胃〔謂〕之不道，不道〔早已。〕

〔知者〕弗言，言者弗知。塞其悶，閉其〔門，和〕其光，同其㦮〔塵〕，

坐〔銼〕其〔銳而解〕三八其紛，是胃〔謂〕玄同。故不可得而親，亦不可

得而踈，不可得而利，亦不〔可〕得而害，〔不可得〕三九而貴，亦不可得

而淺〔賤〕。故為天下貴。

・以正之〔治〕邦，以畸〔奇〕用兵，以无事取天下。吾〔何以知其

然〕四〇。也㦮〔哉〕？夫天下〔多忌諱，〕而民彊〔彌〕貧。民多利器，而

邦家茲〔滋〕昏。人多知〔智〕，而何物〔滋起。法物滋章，四一而〕盜賊

〔多有。是以聖人之言曰:〕我无爲也,而民自化。我好靜,而民自正。

我无事,民〔自富。我欲不〔四二〕欲,而民自樸。〕

〔其正(政)閔閔,其民屯屯。〕其正(政)察察,其邦夬(缺)夬(缺)。

飈(禍),福之所倚,福,〔禍之所伏;〔四三〕孰知其極? 其无正也?正復爲

奇,善復爲祅。人之迷也,其日固久矣。是以方而不割,廉而不刺,〔四四〕

直而不紲,光而不曜。〕

〔治人事天,莫若嗇。夫惟嗇,是以蚤(早)服。蚤(早)服是謂重積

德。重積德則无不克,无不克則莫知〔四五〕其極。莫知其極,〕可以有

國。有國之母,可以長久。是胃(謂)深根固〔柢,長生久視之道也。〕

治大國若亨(烹)小〔四六〕鮮。以道涖天下,〕其鬼不神。非其鬼不神也,

其神不傷人也。非其申(神)不傷人也,聖人亦弗傷〔也〕。夫〔四七〕兩〕

不相〔傷,故德交〕歸焉。

大邦者，下流也，天下之牝也。天下之郊（交）也，牝恆以靚（靜）勝

牝。爲其靚（靜）〔也，〕四八故宜爲下。大邦〔以〕下小邦，則取小邦。

小邦以下大邦，則取於〔大〕邦。故或下以取，或下而取。四九〔故〕大邦

者不過欲兼畜人，小邦者不過欲入事人。夫皆得其欲，〔則大者宜〕

爲下。

〔道〕五〇者，萬物之注也，善人之璡（葆）也，不善人之所璡（葆）也。

美言可以市（持）奠（尊），行可以賀人。人之〔不善，何棄〕之五一有？故

立天子，置三卿，雖有共之璧以先四馬，不善〔若〕坐而進此。古之

所以貴此〔道者何？不曰求以〕五二得，有罪以免與？故爲天下貴。

·爲无爲，事无事，味无未（味）。大小多少，報怨以德。圖難〔於其五三

易〕也，〔爲大於其細也。〕天下之難作於易，天下之大作於細。是

以聖人冬（終）不爲大，故能〔成其大。五四夫輕諾必寡信，多易必〕多

難，是〔以聖〕人〔猶〕難之，故冬（終）於无難。

其安也，易持也。〔其未兆也，〕[五五]易謀也。其脆也，易判也。其微也，

易散也。爲之於其未有也，治之於其未亂也。合抱之木，[五六]生於

毫末。〔九成〕之臺，作於羸（蔂）土。百仁（仞）之高，台（始）於足

〔下。〕爲之者敗之，執之者失之。是以聖人[五七]〔无爲〕也，〔故无敗也，〕

无執也，固无失也。民之從事也，恆於其成事而敗之。故慎終若始

則〔无敗〕[五八]事矣。是以聖人欲不〕欲，而不貴難得之媵（貨），學不

學，而復眾人之所過，能輔萬物之自〔然，而〕[五九]弗敢爲。

故曰：爲道者非以明民也，將以愚之也。民之難〔治〕也，以其知也。

故以知知邦，邦之賊也，以不知知邦，〔邦之〕[六〇]德也。恆知此兩者，

亦稽式也。恆知稽式，此胃（謂）玄德。玄德深矣、遠矣、與物〔反〕

矣，〔乃至大順。〕

〔江海所〕六一以能爲百浴（谷）王者，以其善下之，是以能爲百浴（谷）

王。是以聖人之欲上民也，必以其言〔下之，欲先民也，〕六二必以其

身後之。故居前而民弗害也，居上而民弗重也。天下樂隼（推）而

弗猒（厭）也，非以其无〔諍（爭）與？故天下六三莫能與〕諍（爭）。

・小邦寡民，使十百人之器毋用，使民重死而遠徙。有車周（舟）无

所乘之，有甲兵无所陳〔之〕。六四使民復結繩而〕用之。甘其食，美其

〔服，〕樂其俗，安其居。鄰邦相望，雞狗之聲相聞，民〔至老死不相六五

往來。〕

〔信言不美，美言不信。知者〕团〔博〕，团〔博〕者不知。善〔者不多，多〕者不

善。・聖人无〔積，既以爲人六六己愈有，既以予人，己愈多。故天之

道，利而不害，人之道，爲而弗爭。〕

〔天下皆謂我大，不肖。夫唯大，〕六七故不宵（肖）。若宵（肖），細久

矣。 我恆有三葆，之。 一曰茲（慈），二曰〔儉，三曰不敢爲天下先。

夫慈，故能勇，〔儉，〕六八 故能廣，不敢爲天下先，故能爲成事長。今舍

其茲（慈），且勇，舍其後，且先，則必死矣。夫茲（慈），〔以戰〕六九 則

勝，以守則固。天將建之，女（如）以茲（慈）垣之。

善爲士者不武，善戰者不怒，善勝敵者弗〔與，〕七〇善用人者爲之下。

〔是〕胃（謂）不諍（爭）之德。是胃（謂）用人，是胃（謂）天，古之

極也。

· 用兵有言曰：「吾七一 不敢爲主而爲客，吾不進寸而芮（退）尺。」是

胃（謂）行无行，襄（攘）无臂，執无兵，乃无敵矣。旤（禍）莫〔大〕七二 於

⑱无適（敵），无適（敵）斤（幾）七 吾⑬葆矣。故稱兵相若，則哀者

勝矣。

吾言，甚易知也，甚易行七三 也，而人莫之能知也，而莫之能行也。言

有君。事有宗。其唯无知也，是以不〔我知〕。知我者〔七四〕希，則我貴

矣。是以聖人被褐而襄玉。

知不知，尚矣。不知不知，病矣。是以聖人之不病，以其〔七五〕〔病。〕病

也，是以不病。〕

〔民之不畏威，則大威將至〕矣。·毋闸（狎）其所居，毋獸（厭）其所

生。夫唯弗獸（厭），是〔七六〕〔以不獸（厭）。〕是以聖人，自知而不自見

也，自愛）而不自貴也。故〔去彼〕取此。

·勇於敢者〔則〔七七〕殺，勇於不敢則活。兩者或利或害。天之所惡，

孰知其故？天之道，不戰〔七八〕而善勝，〕不言而善應，不召而自來，彈

而善謀。〔天闸（網）恢恢，疏而不失。〕

〔若民恆不畏死，〕七九奈何以殺愳（懼）之也？若民〔恆是（畏）死，〕則而

爲者吾將得而殺之，夫孰敢矣？若民〔恆且〕八〇必畏死，則恆有司殺

者。夫伐（代）司殺者殺，是伐（代）大匠斲也。夫伐（代）大匠斲者，

則〔希〕〔八二〕不傷其手矣。

・人之飢也，以其取食說（稅）之多也，是以飢。百姓之不治也，以

其上有以爲〔也，〕〔八三〕是以不治。・民之巠（輕）死，以其求生之厚也，

是以巠（輕）死。夫唯无以生爲者，是賢貴生。

・人之生也〔八三〕柔弱，其死也恆（梄）仅（韌）賢（堅）強。萬物草木之

生也柔脆，其死也楎（枯）槀。故曰：堅強者，死之徒〔八四〕也，柔弱微細，

生之徒也。兵強則不勝，木強則恆。強大居下，柔弱微細居上。

天下〔之〕〔八五〕道，猶張弓〕者也，高者印（抑）之，下者舉之，有餘者敗

（損）之，不足者補之。故天之道，敗（損）有〔八六〕〔餘而益不足〕，人之

道，敗（損）不足而〕奉有餘。孰能有餘而有〔以□〕奉於天者，此

〔有〕〔八七〕道者乎？是以聖人爲而弗又（有），成功而弗居也。若此其不

〔欲見賢也。〕

〔天下莫柔弱於水，〕（八八）而攻堅強者莫之能〔先〕也，〔以〕其〔无以〕易

〔之〕也。水之勝剛也，弱之勝强也，天下莫弗知也，而莫之能〔行〕（八九）

也。故聖人之言云（損）曰：受邦之詬，是胃（謂）社稷之主；受邦之

不祥，是胃（謂）天下之王。〔正言〕（九〇）若反。

和大怨，必有餘怨，焉可以爲善？是以聖右介（契）而不以責於人。

故有德司介（契），〔无〕德司徹。（九一）夫天道无親，恆與善人。（九二）

· 道，可道也，非恆道也。名，可名也，非恆名也。无名，萬物之始也，以

有名，萬物之母也。〔故〕（九三）恆无欲也，以觀其眇（妙）；恆有欲也，以

觀其所噭。兩者同出，異名同胃（謂）。玄之有（又）玄，衆眇（妙）之

〔門。〕（九四）

天下皆知美爲美，惡已；皆知善，訾（斯）不善矣。有、无之相生也，

難、易之相成也，長、短之相〔刑〕（形）[95]也，高、下之相盈也，意、聲

之相和也，先、後之相隨（隨），恆也。是以聲（聖）人居无爲之事，行

〔不〕言之教[96]。萬物昔而弗始也，爲而弗之（恃）也，〔成〕功而弗居

也。夫唯居，是以弗去。

不上賢，〔使〕[97]民不爭。不貴難得之貨，使民不爲盜。不見可欲，

使民不亂。是以聲（聖）人之〔治也〕[98]：虛其心，實其腹，弱其志，強

其骨。恆使民无知、无欲也。使夫知不敢，弗爲而已，則无不治

矣。〕

〔道[99]沖，而用之有弗）盈也。潚（淵）呵始（似）萬物之宗。銼其，解

其紛，和其〔光，〕同〔其塵〕。湛呵似或存[100]。吾不知〔誰〕子也，象

帝之先。

天地不仁，以萬物爲芻狗。聲（聖）人不仁，以百姓〔爲芻〕[101]狗。天

地〔之間,〕其猶橐籥與? 虛而不淈, 踵而俞出。 多聞數窮, 不若守

於中。

浴、神、〔不〕[一〇二]死, 是胃(謂)玄牝。 玄牝之門, 〔是謂天〕地之根。 緜

緜呵若存, 用之不堇。

天長, 地久。 天地之所以能〔長〕[一〇三]且久者, 以其不自生也, 故能長

生。 是以聲(聖)人芮(退)其身而身先, 外其身而身存。 不以其〔无

私〕[一〇四]與? 故能成其〔私。〕

上善圂(似)水。 水善利萬物而有靜, 居眾之所惡, 故〔幾〕於道矣。

居善地,〕[一〇五]心善瀟(淵), 予善信, 正(政)善治, 事善能, 蹱善時。

夫唯不靜, 故无尤。

拪而盈之, 不〔若其已〕。 揣[一〇六]而梲之,〕不可常葆之。 金玉盈室,

莫之守也。 貴富而驕, 自遺咎也。 功述(遂)身芮(退), 天〔之[一〇七]

道也。〕

〔戴營袺（魄）抱一，能毋離乎？摶氣致柔，〕能嬰兒乎？脩除玄藍

（覽），能毋疵〔乎？愛民栝國，〕一〇八　能毋以知乎？天門啟闔，能无雌

乎？明白四達，能毋以知乎？生〕之，畜之，生而弗〔有，長而弗宰

也，是〕一〇九　謂玄〕德。

世〔福同一轂，當〕其〔无有，車之用也。撚〕埴爲器，當其无有，埴

〔之〕用也。鑿戶牖，二〇。當其无〕有，〔室之〕用也。故有之以爲利，无

之以爲用。

五色使人目明，馳騁田臘使人〔心發狂。〕二一　難得之貨，使人之行方

（妨）。五味使人之口啡（爽），五音使人之耳聾。是以聲（聖）人之

治也，爲腹〔而不爲目。〕二二　故去罷（彼）耳（取）此。

龍（寵）辱若驚，貴大梡（患）若身。苟（何）胃（謂）龍（寵）辱若驚？龍

〔寵〕之爲下，得之若驚，〔失之〕二三若驚，是胃（謂）龍（寵）辱若驚。

何胃（謂）貴大梡（患）若身？吾所以有大梡（患）者，爲吾有身也。

及吾无〔身，〕二四有何梡（患）？故貴爲身於爲天下，若可以迁（託）

天下矣，愛以身爲天下，女可以寄天下。

眎之而弗二五見，名之曰礜（微）。聽之而弗聞，名之曰希。撝之而

弗得，名之曰夷。三者不可至計，故園（捆）〔而爲〕一。〕二六一者，其

上不攸，其下不忽。尋尋呵不可名也，復歸於无物。是胃（謂）无狀

之狀，无物之〔象。〕是謂忽二七恍。隨而不見其後，迎而不見其首。

執今之道，以御今之有。以知古始，是胃（謂）〔道〕〔紀。〕

〔古之善〕二八爲道者，微眇（妙）玄達（徹），深不可志（識）。夫唯不

可志（識），故強爲之容，曰：與呵其若冬〔涉〕水，猶呵二九其若畏四

〔鄰，嚴呵〕其若客，〔澳〕呵其若凌澤（釋），〔沌〕呵其若〔樸，〕潃〔呵

其若濁，湽呵〔二○〕。其〕若浴。濁而情（靜）之，余（徐）清。女以重之，余

（徐）生。葆此道不欲盈。夫唯不〔欲盈，是以能敝而不〕成。

至虛，極也；守情（靜），表也；萬物旁作，吾以觀其復也。夫物雲（芸）

雲（芸），各復歸於其〔根。歸根曰〕三〔情（靜）。情（靜），是胃（謂）

復命。復命，常也；知常，明也；不知常，芒（芒）芒（芒）作兇。知常

容，容乃公，公乃王，王乃天，天乃道，〔道乃久，〕三三 勿（歿）身不

怠（怠）。

大上下知有之，其次親譽之，其次畏之，其下母（侮）之。信不足，案

有不信。〔猶呵，〕二四 其貴言也。成功遂事，而百省（姓）胃（謂）我

自然。

故大道廢，案有仁義。知悚（識）出，案有〔大〕二五 偽。六親不和，案〔有

孝〕茲（慈）。邦家閭（昏）亂，案有貞臣。

絕聲（聖）棄知，民利百負（倍）。絕仁棄義，〔民〕二六復畜（孝）茲（慈）。絕巧棄利，盜賊无有。此三言也，以爲文未足，故令之有所屬。見素抱〔樸，〕二七少私寡欲。〕

〔絕學无憂。〕唯與訶，其相去幾何？美與惡，其相去何若？人之所〔畏，〕亦不〔可以〕二八不畏人。望（恍）呵其未央才（哉）！衆人熙熙，若鄉（饗）於大牢，而春登臺。我泊焉未兆，若〔嬰兒〕二九未咳。纍呵，似无所歸。衆人皆有餘，我獨遺。〔我愚〕人之心〔也，〕惷呵。惷呵。〔鬻（俗）人昭昭，二三〇我獨〕閒（昏）呵。鬻（俗）人蔡（察）蔡（察），我獨閔（悶）閔（悶）呵。忽呵其若〔海，〕望（恍）呵其若无所止。〔衆人皆有以，〕我獨頑三一以悝。吾欲獨異於人，而貴食母。

孔德之容，唯道是從。道之物，唯望（恍）唯忽。〔忽呵望（恍）〕三二呵，中有象呵。望（恍）呵忽呵，中有物呵。㵎（幽）呵鳴（冥）呵，中

有請（精）也。　其請（精）甚眞，其中〔有信。〕一二三　自今及古，其名不

去，以順眾父。　吾何以知眾父之然？以此。

炊者不立，自視不章，〔自〕一二四　見者不明，自伐者无功，自矜者不長。

其在道，曰粽（餘）食贅行。　物或惡之，故有欲者〔弗〕一二五　居。

曲則金（全），枉則定，洼則盈，敝則新，少則得，多則惑。　是以聲（聖）

人執一，以爲天下牧。　不〔自〕一二六　視故明，不自見故章，不自伐故有

功，弗矜故能長。　夫唯不爭，故莫能與之爭。　古〔之〕一二七　所謂曲全者，

幾虛〕語才（哉）？　誠金（全）歸之。

希言自然。　飄風不冬（終）朝，暴雨不冬（終）日。　孰爲此？天地，一二八

〔而〕弗能久有，況於人乎？　故從事而道者同於道，德者同於德，

〔失〕者同於失。　同於〔德〕一二九　者，道亦德之。　同於失〕者，道亦失之。

有物昆（混）成，先天地生。　繡呵繆呵，獨立〔而不垓，〕一三〇　可以爲天

地母。吾未知其名，字之曰道，强爲之名曰大。〔大曰筮，〕筮（逝）曰遠，〔遠曰反。〕[一四一] 道大，天大，地大，王亦大。國中有四大，而王居一焉。 人法地，〔地〕法〔天，天法道，道〕法〔自然。〕

〔重〕[一四二] 爲巠（輕）根，清爲躁君。 是以君子衆（終）日行，不離其甾（輜）重。 唯（雖）有環（營）官（館），燕處〔則昭〕[一四三] 若。 若何萬乘之王而以身巠（輕）於天下？ 巠（輕）則失本，躁則失君。

善行者无勶（轍）迹，〔善〕[一四四] 言者无瑕適（謫），善數者不以檮（籌）筭（策）。 善閉者无闢（關）籥，而不可啟也。 善結者〔无纆〕[一四五] 約，而不可解也。 是以聲（聖）人恆善怵（救）人，而无棄人，物无棄財，是胃（謂）伸明。 故善〔人，善人〕[一四六] 之師，不善人，善人之齎（資）也。 不貴其師，不愛其齎（資），唯（雖）知乎大眯，是胃（謂）眇要。

知其雄，〔守〕其[一四七] 雌，爲天下雞。 爲天下雞，恆德不雞。 恆德不

雞，復歸嬰兒。知其白，守其辱，爲天下〔浴（谷）。〕爲天下浴（谷），

恆德〔乃〕一四八足，復歸於樸。〕知其，守其黑，爲天下式。爲天下式，

恆德不貳。德不貳，復歸於无極。榣（樸）散〔則〕一四九爲器，聖）人用

則爲官長，夫大制无割。

將欲取天下而爲之，吾見其弗〔得已。天下，一五〇神〕器也，非可爲

者也。爲者敗之，執者失之。物〔或〕行或〔隨，〕或炅或〔吹，〕或強或

砋，〕一五一或培或橢（墮）。是以聲（聖）人去甚，去大，去楮（奢）。

以道佐人主，不以兵強〔於天下。〕其事好還，師之〕一五二所居，楚〔棘〕

生之。善者果而已矣，毋以取強焉。果而毋驕（驕），果而

〔勿伐，〕一五三果而毋得已居，是胃（謂）〔果〕而不強。物壯而老，是

胃（謂）之不道，不道蚤（早）已。物或惡之，故有欲者弗〔居。〕君子居則

夫兵者，不祥之器〔也。〕一五四

貴左，用兵則貴右，故兵者非君子之器也。〔兵者〕[一五五] 不祥之器也，

不得已而用之，銛襲爲上，勿美也！若美之，是樂殺人也。夫樂殺

人，不[一五六] 可以得志於天下矣。是以吉事上左，喪事上右，是以便將

軍居左，上將軍居[一五七] 右，言以喪禮居之也。殺人衆，以悲依（哀）泣

之，戰勝，以喪禮處之。

道恆无名，樸（樸）唯（雖）[一五八] 〔小而天下弗敢臣，侯〕王若能守之，萬

物將自賓。天地相合，以俞（渝）甘洛（露）。民莫之[一五九] 〔令〕而自均

焉。始制有名。名亦既有，夫亦將知止，知止所以不殆。〕俾道之在

〔天下也，猶〕[一六〇] 小〕浴（谷）之與江海也。

知人〔者，知也。自知者，明也。勝人〕者，有力也。自勝者，〔強也。

知足者，富〕[一六一] 也。強行者，有志也。不失其所者，久也。死不忘

者，壽也。

道，〔湷〕（汋）呵其可左右也，成功〔一六二〕遂事而弗名有也。萬物歸焉

而弗爲主，則恆无欲也，可名於小。萬物歸焉〔一六三〕爲主，可名

於大。是〔以聲（聖）〕人之能成大也，以其不爲大也，故能成大。

執大象，〔天下〕〔一六四〕往。往而不害，安平大。樂與餌，過格（客）止。

故道之出言也，曰：談（淡）呵，其无味也。〔視之，〕〔一六五〕不足見也。

聽之，不足聞也。用之，不可既也。

將欲拾之，必古（固）張之。將欲弱之，〔必固〕〔一六六〕强之。將欲去之，

必古（固）與之。將欲奪之，必古（固）予之。是胃（謂）微明。友（柔）

弱勝强。魚不〔可〕〔一六七〕脫於淵，邦利器不可以視人。

道恆无名，侯王若守之，萬物將自爲（化）。爲（化）而欲〔一六八〕〔作，吾

將闐之以〔无〕名之楃（樸）。闐之以无名之楃（樸），夫將不辱。不辱

以情（靜），天地將自正。〔一六九〕

《노자》
乙本 原形과 釋文

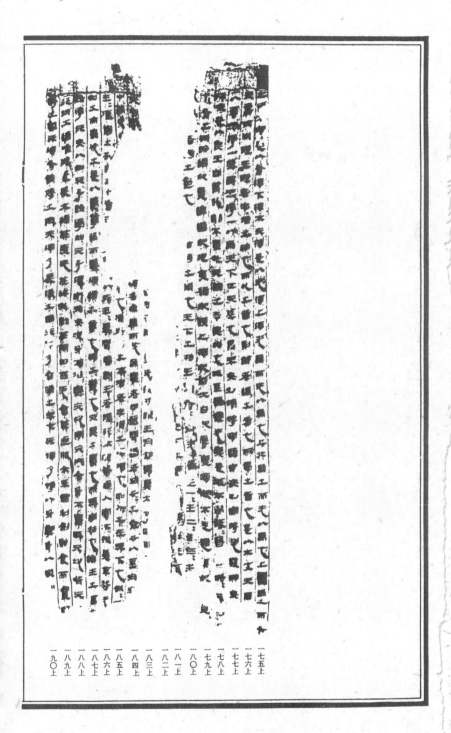

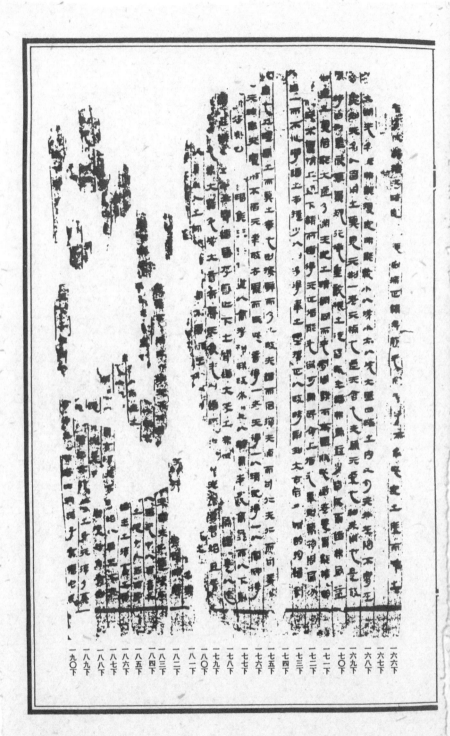

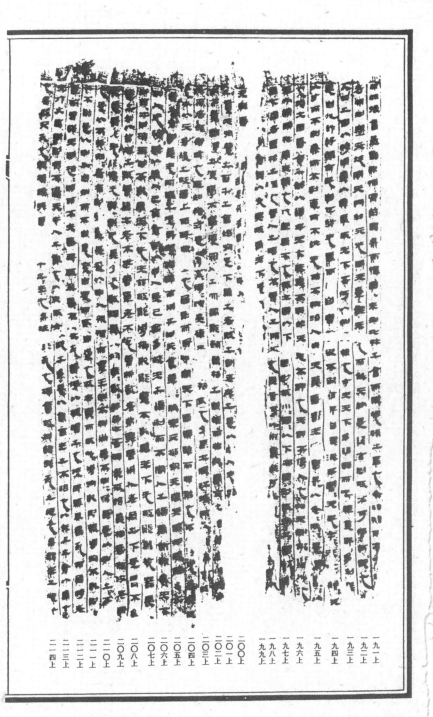

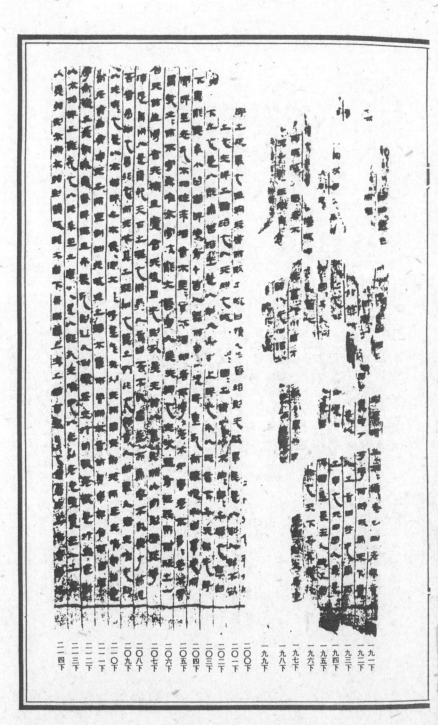

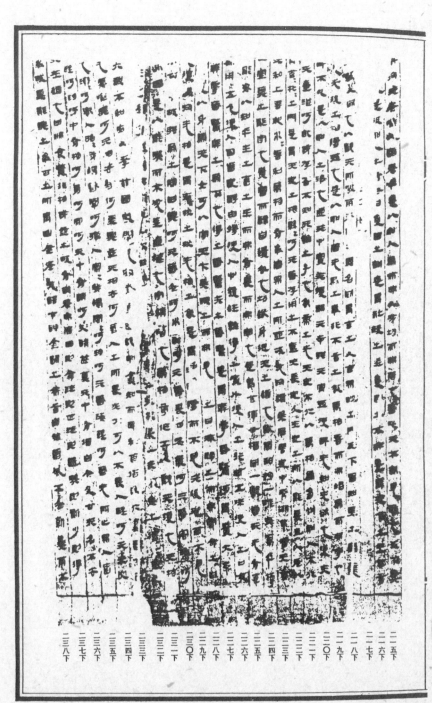

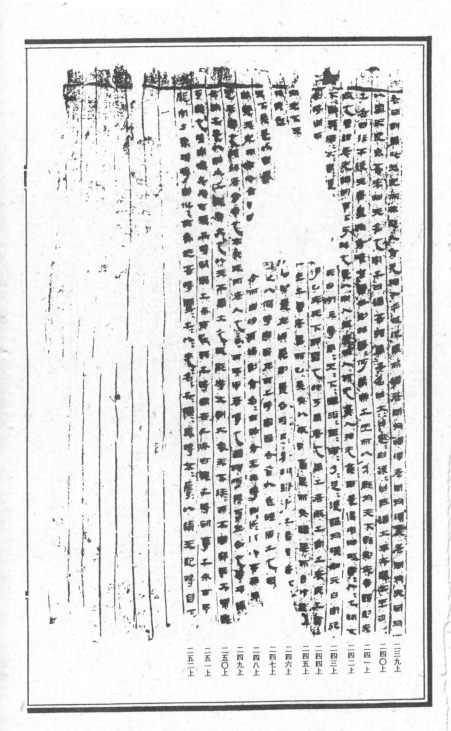

二千四百廿六

上德不德，是以有德。下德不失德，是以无德。上德无爲，而无以

爲也。上仁爲之，而无以爲也。上〔義〕爲之，而有一五上以爲也。上

禮爲之而莫之應也，則攘臂而乃（扔）之。故失道而后德，失德而

句（后）仁，失仁而句（后）義，一五下失義而句（后）禮。夫禮者，忠信之

泊（薄）也，而凡（亂）之首也。前識者，道之華也，而愚之首也。是

以大丈夫居一六上〔其厚而不〕居其泊（薄），居其實而不居其華。故

去罷（彼）而取此。

昔得一者，天得一以清，地得一以寧，神得一六下一以需（靈），浴（谷）

得一盈，矦王得一以爲天下正。其至也，胃（謂）天毋已清將恐蓮

（裂），地毋已寧將恐發，神毋已一七七上〔靈將恐歇，〕谷毋已〔盈將恐〕渴

（竭），矦王毋已貴以高將恐欮（蹶）。故必貴以賤爲本，必高矣而以

下爲一七七下亓（基）。夫是以矦王自胃（謂）孤寡不橐（穀），此其賤之本

與，非也？故至數輿无輿。是故不欲祿祿若玉而珞珞若石。一七八上

曰〔士聞〕道，堇（勤）能行之。中士聞道，若存若亡。下士聞道，大

笑（笑）之。弗笑（笑），〔不足〕以爲道。是以建一七八下言有之曰：「明道

如費（昧），進道如退，夷道如類。」上德如浴（谷），大白如辱，廣德

如不足。建德如〔輸〕，質〔眞如〕渝，一七九上大方无禺（隅）。大器免（晚）

成，大音希聲，天象无刑（形），道隱无名。夫唯道，善始且善一七九下

成。

〔反也〕者，道之動也。〔弱也〕者，道之用也。天下之物生〔於〕有，

有〔生〕於无。

道生一，一生二，二生三，三生〔萬物〕。萬物負陰而一八〇上抱陽，沖氣

以爲和。人之所亞（惡），〔唯孤〕寡不穀（穀），而王公以自〔稱也〕。

故物或損〕之而益，〔或益之而損〕。一八〇下 人之所教，亦我之教人。強梁

者不得其〔死〕，吾將以〔爲學〕凶。

天下之至柔，馳騁於天下〔之至堅。出於无〔一八一上〕有，入於〕无閒。吾

是凶〔知〕〔无爲之有〕益也。〔不〔言之教，无爲之益，天下希能及之〕

矣。

名與〔一八一下〕〔身孰親？身與貨孰多？得與亡孰病？是故甚愛必大費，

多藏必厚亡。故知足不辱，知止不殆，〔一八二上〕可以長久。〕

〔大成如缺，其用不敝。大〕盈如沖，其〔用不窮。大直如詘，大辯如

訥。大〕巧如拙，〔大贏如〕絀。趡（躁）朕（勝）寒，〔一八二下〕〔靜勝熱。知清

靜，可以爲天下正。〕

〔天下有〕道，却走馬〔以〕糞。无道，戎馬生於郊。罪莫大可〔欲〕，禍

〔莫大於不知〔一八三上〕足，咎莫憯於欲得。故知足之足，恆〕足矣。

不出於戶，以知天下。不規（窺）於〔牖，以〕知天道。其出籠（彌）遠

者，〔一三下〕其知籥（彌）〔尠〕。是以聖人不行而知，不見〔而名〕，弗爲而

成。

爲學者日益，聞道者日云（損），云（損）之有（又）云（損），以至於无

〔爲，一四上〕无爲而无不爲。將欲取天下，恆无事。及其有事也，〔又

不〕足以取天〔下矣。〕

〔聖〕人恆无心，以百省（姓）之〔一四下〕心爲心。善〔者善之，不善者亦

善之，德〕善也。信者信之，不信者亦信之，德信也。耵（聖）人之在

天下也，欻欻焉，〔一五上〕〔爲天下，渾渾焉；百〕囯（姓）皆注其〔耳目，聖

人皆咳之。〕

〔出〕生，入死。生之〔徒十有三，〕死之徒十又（有）三，而民〔一五下〕生

生，僮（動）皆之死地之十有三。因何故也？以其生生。蓋聞善執生

者，陵行不辟㹑（兕）虎，入軍不被兵革。㹑（兕）无〔所〕一六上投其角，

虎无所錯〕其蚤（爪），兵〔无所容其刃，夫何故〕也？以其〔无死地焉。〕

道生之，德畜之，物一八六下 刑（形）之，而器成之。是以萬物尊道而貴德。道之尊也，德之貴也，夫莫之爵也，而恆自然也。道，生之、畜囝，一八七上〔長之、育〕之、亭之、毒之、養之、覆囝。〔生而弗有，爲而弗恃，長而〕弗宰，是胃（謂）玄德。

天下有始，以爲天下母。一八七下 既得其母，以知其子，既㉕〔得〕知其子，復守其母，沒身不佁（殆）。塞其垸（兌），閉其門，冬（終）身不堇（勤）。啟其垸（兌），齊其〔事，一八八上 終身〕不救。見小曰明，囝〔柔曰〕弱。用〔其光，復歸其明。无〕遺身央（殃），是胃（謂）〔襲〕常。

使我介有知，一八八下 行於大道，唯施是畏。大道甚夷，民甚好懈（嶰）。朝甚除，田甚芜，倉甚虚。服文采，帶利劍，猒（厭）食而齎（資）財一八九上

〔有餘，是謂〕盜杅（竽）。盜杅（竽），非〔道〕也。

善建者〔不拔，善抱者不脫，〕子孫以祭祀不絕。脩之身，其德乃

眞。一八九下脩之家，其德有餘。脩之鄉，其德乃長。脩之國，其德乃夆

（豐）。脩之天下，其德乃愽（溥）。以身觀身，以家觀〔家，一九〇上〕以鄉

觀鄉，以國觀國，以天下觀天下。〔奚以〕知天下之然茲（哉）？以

〔此。〕

含德之厚者，比於赤子。蜂癘（蠆）虫蛇一九〇下弗赫（螫），據鳥孟（猛）

獸弗捕，骨筋弱柔而握固。未知牝牡之會而朘怒，精之至也。冬（終）

日號而不嚘，困〔之一九一上〕至也。知和曰常，知常曰明，益生（曰）祥，

心使氣曰強。物（壯）則老，胃（謂）之不道，不道蚤（早）已。

知者弗言，言一九一下者弗知。塞其垙（閔），閉其門，和其光，同其塵，

銼其兌（銳）而解其紛。是胃玄同。故不可得而親也。亦一九二上〔不可

得而疏，〔不〕可得而圖利，〔亦不可〕得而害，不可得而貴，亦不可得

而賤。故爲天下貴。一九二下

以正之（治）國，以畸（奇）用兵，以無事取天下。吾何以知其然也

才（哉）？夫天下多忌諱，而民彌（彌）貧。民多利器，〔國〕一九三上家滋

昏。〔民多智慧，而邪事滋起。法〕物茲章，而〔盜賊多有。〕是以〔聖〕

人之言曰：我无爲，而一九三下民自化；我好靜，而民自正，我无事，而民

自富；我欲不欲，而民自樸。

其正（政）閔（悶）閔（悶），其民屯屯。其正（政）察察，其〔民〕一九四上缺

缺）。福〔呵，禍〕之所伏，孰知其極？〔其〕无正也？正〔復爲奇，〕善復

爲〔祅。人〕之悉（迷）也，其日固久矣。是一九四下以方而不割，兼（廉）

而不刺，直而不紲，光而不眺（耀）。

治人事天，莫若嗇。夫唯嗇，是以蚤（早）服。蚤（早）服是胃（謂）

重積〔德〕。 一九五上 重積德則无不克，无不克則〔莫知其〔極〕。莫知其極，

可〔以〕有國。有國之母，可〔以長〕久。是胃〔謂〕〔深〕根固氐〔柢〕，長

生久視之道 一九五下 也。

治大國若亨〔烹〕小鮮。以道立〔莅〕天下，其鬼不神。非其鬼不神，

也，其神不傷人也。非其神不傷人也，〔聖 一九六上 人亦〕弗傷也。夫兩

〔不〕相傷，故德交歸焉。

大國〔者，下流也，天下之〕牝也。天下之交也，牝 一九六下 恆以靜朕〔勝〕

牡。爲其靜也，故宜爲下也。故大國以下〔小〕國，則取小國。小國

以下大國，則取於大國。故或 一九七上 下〔以取，或〕下而取。故大國者

不〔過〕欲并畜人，小國不〔過〕欲入事人。夫〔各得〕其欲，則大者

宜 一九七下 爲下。

道者，萬物之注也，善人之璪〔寶〕也，不善人之所保也。美言可以

市（持）奠（尊），行可以賀人。人之不善，何〔棄一九八上之有？故〕立天

子，置三鄉（卿），雖有〔拱〕璧以先四馬，不若坐而進此。古〔之〕所以

貴此道者何也？一九八下不曰求以得，有罪以免與？故爲天下貴。

爲无爲，〔事无事，〕味无味。大小多少，報怨以德。圖難於一九八上其易

也，爲大〕於其細也。天下之〔難作於〕易，天下之大〔作於細〕。是以

聖人冬（終）不爲大，故能成其大。一九九下夫輕若（諾）〔必寡〕信，多易

必多難，是以耴（聖）人〔猶難〕之，囡〔終於无難。〕

〔其安也易持，其未兆也易謀，其脆也易二〇〇上判，其微也易散。爲之

於其未有也。治之於其未亂也。合抱之〕困，〔生〕於毫末，九成二〇〇下

之臺，作於纍土；百千（仞）之高，始於足下。爲之者敗之，執者失

之。是以耴（聖）人无爲〔也，故无敗也，无執也，故二〇一上无失也。〕民

之從事也，恆於其成而敗之。故曰：「愼冬（終）若始，則无敗事矣。」

是以耵（聖）人欲不欲，二〇一下 而不貴難得之貨，學不學，復衆人之所

過，能輔萬物之自然，而弗敢爲。

古之爲道者，非以明（民也，二〇二上 將以愚（民）之也。夫民之難治也，以

其知也。故以知知國，國之賊也，以不知知國，國之德也，恆知二〇二下

此兩者，亦稽式也。恆知稽式，是胃（謂）玄德。玄德深矣、遠矣、

（與）物反也，乃至大順。

江海所以能爲百浴（谷）〔王者，二〇三上 以〕其〔善〕下之也，是以能爲

百浴（谷）王。是以耵（聖）人之欲上民也，必以其言下之，其欲先

民二〇三下 也，必以其身後之。故居上而民弗圍也，居前而民弗害。天

下皆樂誰（推）而弗猒（厭）也，不（以）其无爭與？故天二〇四上 下莫能與

爭。

小國寡民，使有十百人器而勿用，使民重死而遠徙。又（有）周（舟）

車无所〔二〇四下〕乘之，有甲兵无所陳之。使民復結繩而用之。甘其食，

美其服，樂其俗，安其居。哭（鄰）國相望（望），雞犬之聲〔相〕〔二〇五上〕

聞，民至老死不相往來。

信言不美，美言不信。知者不博，博者不知。善者不多，多者不

善。〔二〇五下〕耵（聖）人无積，既以爲人，已俞（愈）有，既以予人矣，已俞

（愈）多。故天之道，利而不害，人之道，爲而弗爭。

天下〔皆〕〔二〇六上〕胃（謂）我大，大而不宵（肖）。夫唯不宵（肖），故

能大。若宵（肖），久矣其細也夫。我恆有三琭（寶），市（持）而琭

（寶）之，一〔二〇六下〕曰茲（慈），二曰檢（儉），三曰不敢爲天下先。夫茲

（慈），故能勇，檢（儉），敢（故）能廣，不敢爲天下先，故能爲成器長。

〔今〕〔二〇七上〕舍其茲（慈）且勇，舍其檢（儉）且廣，舍其後，且先，則死

矣。夫茲（慈），以單（戰）則朕（勝），以守則固。天將〔二〇七下〕建之，如

以茲（慈）垣之。

故善爲士者不武，善單（戰）者不怒，善朕（勝）敵者弗與，善用人者爲之下。是胃（謂）不爭〔之〕二〇八上德。是胃（謂）用人，是胃（謂）妃（配）天，古之極也。

用兵又（有）言曰：「吾不敢爲主而爲客，不敢進寸而退二〇八下尺。」是胃（謂）行无行，攘无臂，執无兵，乃（扔）无敵。禍莫大於无敵，无敵近亡吾琛（寶）矣。故抗兵相若，而依（哀）者朕（勝）〔矣。〕二〇九上

吾言，易知也，易行也，而天下莫之能知也，莫之能行也。夫言又（有）宗，事又（有）君。夫唯无知二〇九下也，是以不我知。知者希，則我貴矣。是以耵（聖）人被褐而裏（懷）玉。

知不知，尚矣。不知知，病矣。是以耵（聖）人之不〔病〕三〇上也，以其病。病也，是以不病。

民之不畏畏，則大畏將至矣。毋伸（狎）其所居，毋猒（厭）其所生。

夫唯弗猒（厭），是〔三O下〕以不猒（厭）。是以耵（聖）人，自知而不自見

也，自愛而不自貴也。故去罷（彼）而取此。

勇於敢則殺，勇於不敢則活，〔此〕〔三一上〕兩者或利或害。天之所亞

（惡），孰知其故？天之道，不單（戰）而善朕（勝），不言而善應，弗召

而自來，〔三一下〕單（繟）而善謀。天罔（網）恢（恢），疏而不失。

若民恆且⊙不畏死，若何以殺瞿（懼）之也？使民恆且畏死，而爲畸

（奇）者〔吾〕〔三二上〕得而殺之，夫孰敢矣？若民恆且必畏死，則恆又

（有）司殺者。夫代司殺者殺，是代大匠斲。〔三二下〕夫代大匠斲，則希

不傷其手。

人之飢也，以其取食毲（稅）之多，是以飢。百生（姓）之不治也，以

其上之有以爲也，〔是〕〔三三上〕以不治。民之輕死也，以其求生之厚

也，是以輕死。夫唯无以生爲者，是賢貴生。

人之生〔三三下〕也柔弱，其死也䐃信（伸）堅强。萬〔物草〕木之

生也柔脃（脆），其死也槁（枯）槁。故曰：「堅强，死之徒也；柔弱，

生之徒也。」〔是〕〔三四上〕以兵强則不朕（勝），木强則兢（榑）。故强大居

下，柔弱居上。

天之道，西（猶）張弓也，高者印（抑）之，下者舉之，〔三四下〕有余者云

（損）之，不足者〔補〕之。故天之道，〔云（損）〕有余而益不足；人之

道，云（損）不足而奉又（有）余。夫孰能又（有）余而〔有以〕〔三五上〕奉

於天者，唯又（有）道者乎？是以耶（聖）人爲而弗又（有），成功而弗

居也。若此其不欲見賢也。

天下莫〔三五下〕柔弱於水，〔而攻堅强者莫之能先，〕因其無以易之也。

水之朕（勝）剛也，弱之朕（勝）强也，天下莫弗知也，而圓〔之〕〔三六上〕能

行〕地。是故耵(聖)人之言云(損),曰:「受國之詢(詬),是胃(謂)社

稷之主。受國之不祥,是胃(謂)天下之王。」正言二六下〔若反〕。

〔和大怨,必有余怨,安可以〕爲善? 是以耵(聖)人執左芥(契)而不

以責於人。故又(有)德司芥(契),无德司徹。〔天道无親,二七上常與

善人。〕《德》三千卅一。二七下

道,可道也,〔非恆道也。〕名,可名也,非〕恆名也。无名,萬物之始

也。有名,萬物之母也。故恆无欲也,〔以觀其二八上眇(妙)〕;恆又

〔有〕欲也,以觀其所噭。兩者同出,異名同胃(謂)。玄之又玄,衆

眇(妙)之門。

天下皆知美之爲美,二八下亞(惡)已。皆知善,斯不善矣。〔有、无之

相〕生也,難、易之相成也,長、短之相刑(形)也,高、下之相盈也,音

〔意〕、聲之相和二九上也,先、後之相隋(隨),恆也。是以耵(聖)人居

无爲之事，行不言之教。萬物昔而弗始，爲而弗侍（恃）也，成

囝（功）而弗居也。夫唯弗居，是以弗去。

不上賢，使民不爭。不貴難得之貨，使民不爲盜。不見可欲，使

民不乿（亂）。是以取（聖）人之治也：虛其心，實其腹，弱其志，强其

骨。恆使民无知，无欲也。使夫囷不敢，弗爲而已，則无不治

矣。

道沖，而用之有弗盈也。淵呵，佁（似）萬物之宗。銼其兌（銳），解

其芬（紛），和其光，同其塵。湛呵，佁（似）或存。吾不知其誰之

子也，象帝之先。

天地不仁，以萬物爲芻狗。取（聖）人不仁，囚百姓爲芻狗。天

地之閒，其猷（猶）橐籥輿（與）？虛而不淈，動而俞（愈）出。多聞數

窮，不若守於中。

浴、神、不死，是胃（謂）二三上玄牝。玄牝之門，是胃（謂）天地之根。

綿綿呵，其若存，用之不堇（勤）。

天長，地久。天地之所以能長且久者，以二三下其不自生也，故能長生。是以耶（聖）人退其身而身先，外其身而身先，外其身而身存。

不以其无私與（與）？故能成二三上其私。

上善如水。水善利萬物而有爭，居眾人之所亞（惡），故幾於道矣。

居，善地；心，善淵；予，善天；言，二三下善信；正（政），善治；事，善能；

動，善時。夫唯不爭，故无尤。

揎（殖）而盈之，不若其已。挩（揣）而允之，不可長葆也。金玉二四上

囵室，莫之能守也。貴富而驕，自遺咎也。功遂身退，天之道也。

戴營袙（魄）抱一，能毋离（離）乎？槫（摶）三四下氣至柔，能嬰兒乎？脩

除玄監，能毋有疵乎？愛民栝（活）國，能毋以知乎？天門啓闔，能爲

雌乎？明白四達，_{二五上}能毋以知乎？生之，畜之，生而弗有，長而弗

宰也，是胃（謂）玄德。

世福（輻）同一轂，當其无有，車_{二五下}之用也。

其无有，埏器之用也。鑿戶牖，當其无有，室之用也。故有之以爲

利，无之以_{二六上}爲用。

五色使人目盲，馳騁田臘（獵）使人心發狂。難得之貨，〔八〕使人之行

仿（妨）。五味使人之口爽，_{二六下}五音使人之耳〔聾〕。园以耵（聖）人之

治也，爲腹而不爲目。故去彼而取此。

弄（寵）辱若驚，貴大患若身。何胃（謂）_{二三七上}弄（寵）辱若驚？弄（寵）

之爲下也，得之若驚，失之若驚，是胃（謂）弄（寵）辱若驚。何胃（謂）

貴大患_{二三七下}若身？吾所以有大患者，爲吾有身也。及吾无身，有何

患？故貴爲身於爲天下，若可以橐（託）天下〔矣，〕愛以身爲天

下，女（如）可以寄天下矣。

視之而弗見，〔命〕之曰微。聽之而弗聞，命之曰希。㊣㨉之而

弗得，命之曰夷。三者不可至（致）計（詰），故緄（緄）而爲一。一者，

其上不謬，其下不忽。尋尋呵，不可命也，復歸於无物。是胃

（謂）无狀之狀，无物之象。是胃（謂）忽（惚）朢（恍）。隋（隨）而不

見其後，迎而不見其首。執今之道，以御今之有。以知古始，

是胃（謂）道紀。

古之圈爲道者，微眇（妙）玄達，深不可志（識）。夫唯不可志

（識），故强爲之容，曰：與呵，其若冬涉水。猶呵，其若畏四哭（鄰）。

嚴呵，其若客。渙呵，其若淩澤（釋）。沌呵，其若樸。涽呵，其

若濁。漮呵，其若浴。濁而靜之，徐清。女以重之，徐生。葆此道〔者

不〕欲盈。是以能蔽（敝）而不成。

至虛，極也；守靜，督也，萬物旁作，吾以觀其復也。夫物[三下]云(云)

云(云)，各復歸於其根。曰靜，靜，是胃(謂)復命。復命，常也；知

常，明也；不知常，芒芒作囗。知常容，容乃公，公乃[王，王三上乃]

天，天乃道，道乃[久。][返身不殆]

因[上，下囗囗](有)[之，]囗[次，]親、譽之，其次，畏之，其下，母(侮)

之。信不足，安三下有不信。猷呵，其貴言也。成功遂事，而百姓

胃(謂)我自然。

故大道廢，安有仁義。知(智)慧出，安有因[偽。]三三上 六親不和，安

又(有)孝茲(慈)。國家閔(昏)乣(亂)，安有貞臣。

絶耴(聖)棄知(智)，而民利百倍。絶仁棄義，而民三三下復孝茲(慈)。

絶巧棄利，盜賊无有。此三言也，以爲文未足，故令之有所屬。見

素抱樸，少乣而寡欲。

絕學三四上无憂。唯與呵，其相去幾何？美與亞(惡)，其相去何若？

人之所畏，亦不可以不畏人。朢(恍)呵，其未央三四下才(哉)！衆人

巸(熙)巸(熙)，若鄉(饗)囜大牢，而春登臺。我博(怕)焉未垗(兆)，

若嬰兒未咳。纍呵，佁(似)无所歸。衆人皆又(有)余。我愚人之

囜三五上也，湷湷呵。鬻(俗)人昭昭，我獨若閽(昏)呵。鬻(俗)人察察，

我獨閩(閔)閩(閔)呵。沕(惚)呵，其若海。朢(恍)呵，若无所止。

衆人皆三五下有以，我獨門元(頑)以鄙。吾欲獨異於人，而貴食母。

孔德之容，唯道是從。道之物，唯朢(恍)唯沕(惚)。沕(惚)呵朢(恍)

(恍)呵，中又(有)象呵。三六上朢(恍)呵沕(惚)呵，中有物呵。幼(窈)

呵冥呵，其中有請(精)呵。其請(精)甚眞，其中有信。自今及古，

其名不去，三六下以順衆父。吾何以知衆父之然也？以此。

炊者不立。自視者不章，自見者不明，自伐者无功，自矜者不長。三七上

其在道也，曰：「粽（餘）食、贅行。」物或亞（惡）之，故有欲者弗居。

曲則全，汪（枉）則正，洼（窪）則盈，敝（敝）則新，少則得，多則惑。二三七下是

以取（聖）人執一，以為天下牧。不自視故章，不自見也故明，不自

伐故有功，弗矜故能長。夫唯不二三八上爭，故莫能與之爭。古之所胃

（謂）曲全者，幾語才（哉）？誠全歸之。

希言自然。蘍（飄）風不冬（終）朝，暴雨不二三八下冬（終）日。孰為此？

天地而弗能久有，兄（況）於人乎？故從事而道者同於道，德者同於

德，失者同於失。同於德二三九上者，道亦德之。同於失者，道亦失之。

有物昆（混）成，先天地生。蕭（寂）呵漻（寥）呵，獨立而不玹（改），二三九下

可以為天地母。吾未知其名也，字之曰道。吾強為之名曰大。

大曰筮（逝），筮（逝）曰遠，遠曰反。道大，天大，地大，王亦因。二四〇上

國中有四大，而王居一焉。人法地，地法天，天法道，道法自然。

重爲輕根，靜爲趮（躁）君。是以君[三〇下]子冬（終）日行，不遠其甾

（輜）重。雖有環（營）官（館），燕処則昭若。若何萬乘之王而以身

輕於天下？輕則失本，趮（躁）則失[二四上]君。

善行者无達（徹）迹，善言者无瑕適（謫），善數者不用檮（籌）竹

（策）。善⑩閉者无關籥，而不可[二四下]啟也。善結者无纆約，而囷可

解也。是以耴（聖）人恆善怵（救）人，而无棄人，物无棄財，是胃申

明。故善人，善人之師，不[二四二上]善人，善人之資也。不貴其師，不愛

其資，雖知（智）乎大迷。是胃（謂）眇要。

知其雄，守其雌，爲天[二四二下]下雞。爲天下雞，恆德不离。恆德不离，

復（歸於）嬰兒。知其白，守其辱，爲天下⑩浴（谷）。爲天下浴（谷），

恆德乃足。恆德乃足，復歸於樸。知其白，守其[二四三上]黑，爲天下式。

恆德不貸（忒）。復歸於无極。

爲天下式，恆德不貸（忒），復歸於无極。樸散（散）

則爲器，耶（聖）人用則爲官長，夫大制无〔二三下〕割。

將欲取〔天下而爲之者，吾見其不〕得已夫。天下，神器也，非可爲

者也。爲之者敗之，執之者失之。㊌物〔二四上〕或行或隋（隨），或熱

或痤，或陪（培）或墮。是以耶（聖）人去甚，去大，去諸（奢）。

以道佐人主，不以兵強〔二四下〕於天下。其〔事好還，師之所處，荆〕棘

生之。善者果而已矣，毋以取強焉。果而毋驕，果而勿矜，果而

〔毋〕伐，果而毋得已居。是胃（謂）果而強。物壯而老，胃（謂）

之不道，不道蚤（早）已。〔二四五上〕

夫兵者，不祥之器也。〔二四五下〕物或亞（惡）〔之〕，故有道者不处。是以君

囝居則貴左，用兵則貴右，故兵者非君子之器。兵者囝瑞〔之〕〔二四六上〕

器也，不得已而用之，銛龍爲上，勿美也。若美之，是樂殺人也。夫

樂殺人，不可以得志於〔二四六下〕天下矣。是以吉事〔尚左，凶事尚〕囹，

是以偏將軍居左，而上將軍居右，言以喪禮居之也。殺〔人眾，以

悲〔二四七上〕哀〕立〔莅〕之，單〔戰〕朕〔勝〕而以喪禮处之。

道恆无名。樸唯〔雖〕小而天下弗敢臣，矦王若能守之，萬物將〔二四七下〕始

自賓。天地相合，以俞〔渝〕甘洛〔露〕。〔民莫之〕令，而自均焉。始

制有名，名亦既有，夫亦將知止，知止所以不殆。卑〔道之〕〔二四八上〕困天

下也，猷〔猶〕小浴〔谷〕之與江海也。

知人者，知〔智〕也。自知，明也。朕〔勝〕人者，有力也。自朕〔勝〕

者，强也。知〔二四八下〕足者，富也。强行者，有志也。不失其所者，久

也。死而不忘者，壽也。

道，渢〔汎〕呵，其可左右也。成功遂〔事而〕〔二四九上〕弗名有也。萬物歸

焉而弗爲主，則恆无欲也，可名於小。萬物歸焉而弗爲主，可〔二四九下〕命

〔名〕於大。是以耵〔聖〕人之能成大也，以其不爲大也，故能成大。

執大象，天下往。往而不害，安平大。樂與〔餌，〕二五〇上過格（客）止。

故道之出言也，曰：「淡呵，其无味也。視之，不足見也。聽之，不足

聞也。用之，不二五〇下可既也。」

將欲擒（翕）之，必古（固）張之。將欲弱之，必古（固）⊙强之。將欲

去之，必古（固）與之。將欲奪之，必古（固）予〔之，〕二五一上是胃（謂）

微明。 柔弱朕（勝）强。 魚不可說（脫）於淵，國利器不可以示人。

道恆无名，矦王若二五一下能守之，萬物將自化。化而欲作，吾將闐之

以无名之樸。闐之以无名之樸，夫將不辱。不辱以靜，天地將自

正。二五二上 《道》 二千四百廿六。二五二下

《御定道德經註》

清, 順治 13年(1656) 世祖章黃帝(愛新覺羅 福臨) 御註
大學士 成克鞏(恭纂)

이는 淸 順治 13년(1656) 淸 世祖 章皇帝(愛新覺羅 福臨) 御定으로 〈四庫全書〉
(文淵閣) 子部 道家類 및 「乾隆御覽」〈四庫全書薈要〉本 子部 道家類에 모두
실려 있다.

欽定四庫全書 子部

御定道德經註 御製序 上篇

詳校官侍郎臣謝墉
檢討臣何思鈞覆勘
總校官舉人臣章維桓
校對官編修臣章宗瀛
謄錄監生臣戴元燾

欽定四庫全書

御製道德經序

朕聞道者先天地而為萬物宗生生化化莫得而名者
也惟至人凝道於身故其德為玄德而其言為聖言老
子道貫天人德超品彙著書五千餘言明清淨無為之
旨然其切於身心明於倫物世固鮮能知之也嘗觀其
告孔子曰為人子者無以有己為人臣者無以有己而
仲尼答曾子之問禮每曰吾聞諸老聃豈非以人能清
淨無為則忠孝油然而生禮樂合同而化乎猶龍之歎
良有以也自河上公而後註者甚眾或以為修煉或以
為權謀斯皆以小智窺測聖人失其意矣開元洪武之
註雖各有發明亦未彰全旨朕以聖言玄遠末學多岐
苟不折以理衷恐益滋譌誤用是博稽眾說芟繁去支
蓋為一註理取其簡而明辭取其約而達未知於經意
果有合否然老子之書原非虛無寂滅之說權謀術數
之談是註也於日用常行之理治心治國之道或亦不

相徑庭也爰序諸簡端以明大旨云

順治十有三年歲次丙申仲春朔日序

御定道德經注　道家類

提要

臣等謹案道德經二卷順治十三年大學士

成克鞏恭纂仰邀

欽定

御製序文發明是書本非虛無寂滅權謀數之學

注中亦備論日用常行之理治心治國之道

於是猶龍之旨燦然明顯矣此經自河上文

八而下注釋著錄者凡八十餘家積三百餘

卷其間或為之解或為之疏或為之音或為

之章句或為之譜或為之傳其人則名臣若

羊祜蘇轍名儒若王弼王肅逸士若嚴遵孫

登陶弘景戴逵甫謐道流若葛洪杜光庭

輩多所闡述而梁武帝唐明皇宋徽宗明太

祖亦各有注解見淺見深隨其識趣而於老

明本音未免在離合顯晦之間今注參取衆
說簡要明暢真足以益心智闡治理非徒以
究清淨無為之說而已也乾隆四十六年八月

恭校上

總纂官臣紀昀臣陸錫熊臣孫士毅
總校官臣陸費墀

二

大學士成克鞏恭纂

第一章

道可道非常道　上道字乃制行之道可道行之名可名
也常道為其常不變之道也可名無名天地之始無道
非常名言之也常名即常道之名也無名天地之始無道
也所以言之也常無名者道之無也故無名天地之始
天地也有名萬物之母道所以化生萬物也故常無欲
以觀其妙妙者道之妙也觀者觀常道之妙也
常有者道之有此兩者同出而異名同謂之玄之
也徼者道之邊際也此兩者同出而異時有無時有以
名其同謂之玄玄遠而無所至極者玄之色必玄之又
玄衆妙之門玄以名之玄為象玄之又
玄衆妙之門玄以立名可以制行者非其常之道也凡天下之
名可以立言者非其常之名也故無名之道渾淪無
名而天地於此起焉萬物於此生焉故有道者長養萬物以
此而天地於此始馬及其有形無形道無不有無物不有無道者
無其心外於措之五常道以百行無物不有無道者
之微妙馬此有之又則有以察道其
體而有名則以其形形無其形道之百行無蓋欲以察其
名而是謂常有益欲以察道之邊際馬正以有無兩者非
不然判然二物也同出於自然之道而時異其名耳蓋世有以
判然二物也同出於有益以察道而非有以無道者有以
有為者有以無為道者彼守一則執著而不知無渾融故
有也者亦有道者

有無渾融斯謂之玄然玄亦不足以盡之而且玄又玄是謂眾妙之所從出而天下之道莫有遁之者矣

第二章

天下皆知美之為美斯惡已美不可知也皆知善之為善斯不善已善之為善即非善矣故有無相生天下之物生於有有生而後見有生於無難易相成以為難則難又至見長短相形有短而後見有長短高下相傾者以為高為歸聲音相和此唱而彼和之前後相隨我者則為前乎是以後者則為前是以聖人處無為之事道由於無為而行

不言之教教出於常不言之教而萬物作焉而不辭不辟謂不辭謝禁生而不有有以為而德以為而不恃以有能功成而不居居以為自夫惟不居是以不去不去謂物止也夫惟不居是以不去不能去也

老子五千言上可以通於徹下可以通於物道則道得以之治國則國治以之修則身安其言皆於此章言之也夫人之所謂真善如此情也何以通美未善之事夫人之性情使然也是以好惡相縛而其情則異以殊此之情外感於物是以好惡相宿和者而不知惡之名已從之美生而有不異和此之情殊之性知善之為善而不知惡之名而已從之善起也為善而不知惡之為名而已從之天下皆知美之為善而不知惡無對者有無之相生難易之相成長短之相形高下之相傾音聲之和前後之相隨成有其一未有

第三章

不尚賢使民不爭尚賢則民取於爭不若而至於爭不貴難得之貨使民不為盜難得之貨則民病於盜不見可欲使民心不亂如欲之貨使民無離去之者矣惟不恃其業吾從之然者故萬物並更無離去之者矣

賢者貴之類凡可欲盜貴貴之類凡可欲理遷而賦寶貴實賤英嗜其心常虛常虛則欲盡其志強其骨則無欲其志常嗜好英常使民無知無欲使夫知者不敢為也明昭昭然欲欲敢有所作為亦知夫知美斯惡聖人之見心則賢人之見心知美斯惡知夫美斯惡知美斯惡斯不善故不敢尚競爭之心則不貴重之以啟民偷為其貴也非於貴不收此也而不貴重之以啟民偷為其意不為盜則不貴難得之貨所由生也而競而心則不為盜夫烈士狗名欲名不貴貨則不見利之可知而不高賢則不為盜夫人狗財亡所由生也

是以聖人之治虛其心實其腹弱其志強其骨除去其心常虛常虛則欲盡其志強其骨則無欲其志常嗜好英常使民無知無欲使夫知者不敢為也為無為則無不治夫為治而至於無為則天下不治

為無為則無不治夫為治而至於無為則天下之者矣

樸而不高賢則不為盜夫人狗財今不高賢則不為盜夫烈士狗名欲蓋清淨而道來集也是以聖人之治使志常弱而骨目常虛蓋英自欲而心不亂則無故亂矣是以聖人之治使心常虛而骨目常強而英自

而能自剛也夫民生有欲無知則已聖人惟不敢其
無涯者亦知故夫其無窮之欲民宜返淳抱樸間而有
不識者亦不敢有所作為則天下官歸於無為為而無
不治矣夫無為由於無欲無知果何以致
此於民矣故曰聖人固自謂未嘗有欲之事也
知也固未嘗見天下有可欲之事也

第四章

道沖而用之或不盈　故道本無名故沖然為泉妙之門淵
淵兮似萬物之宗　淵至深之處也道曰宗挫其銳為銳出而入物
挫其銳解其紛　物入而撲心為和其光之
和其光同其塵　民庶之雜同故當解之和其光之而不曜
湛兮似或存吾不知其誰之子　而不殊湛然至清吾不知其誰之子

象帝之先　帝吾不知道之所從生也其似在
夫無為之道本至虛耳照以至適泉用而愈出而物有難天地之大

第五章

嘗滿物自道而入道當物之宗也人莫不與物
有道惟物自道而入道當物之宗也何以全之挫
污染去而光以至潔之應至而後全則湛然至
不用章章和物而為道我道如是而後全則湛然至
於泉矣故存而不知其職曰似而或存湛然至
清而當存矣雖存而不知其職曰似而又不可為無也
終莫得而名故曰此道之子而先乎帝者則莫先
處其優者也而道又先乎於帝者則莫先牝之華化皆

天地不仁以萬物為芻狗聖人不仁以百姓為芻狗
者結草為狗祭祀所用也畢事則棄之乃最無容
則棄之乃最無容物者天地之間其猶橐籥乎
所者以鑄冶所用之器橐者外之管囊者內之管也
愈出是惟其空虛而無屈伸之時多言數窮不如守中者
謂出惟其空虛而有引伸之妙多言數窮不如守中
不偏之謂中不倚之謂道也即
謂即道也

無為百姓天地亦若是而已惟其不自以為仁故其
萬物百姓天地亦若是而已惟其不自以為仁故其
可知也夫橐籥無心於取其物而為言者無不可言亦無心
笑不然是而住往尚口乃窮而有言者無不可言亦人言
此道實天下之至公而不可居客存一心我能仁百姓而
戈無心於治功成而不居客存一心我能仁與天下也
此道者也其道者天下也以不生也何也萬物與天
之間亦天地之間不見有所仁萬物之間而天地自視猶芻狗然則其視
守中故曰多言數窮不如守中
惟不偏有無住往尚口而著於言者以其心不倚於道相符故也夫

第六章

谷神不死是謂玄牝　谷以其虛而能受受而
不滅故曰不死牝能生物備而不見其所以生也母也
謂之玄者見其生而不見其所以生也玄牝之門是謂
不減故曰不死牝能生物備而不見其所以生也玄牝之門是謂
天地根此言天地自此而生綿綿若存用之不勤
地根言天地自此而生綿綿做而不絕若存存而不

可見也其能如是雖微
日用之而不勞矣

人知天地之生萬物不知天地乃生於道也吾何以
見之而道之神哉譬之於谷至虛而衛有形谷神則虛
生而無形也者也道之所以虛而為形者以無形為
天地根者而為形則有生死即不死則不死之合也不
生之謂也玄牝北之故曰玄牝之門是謂天地根綿綿
觀其身哉人能如是則有形之身可使無形而吾之
之心可使寂而有哉
而已尚何勤之有哉此章乃修養工夫之
所自出者老子之初意卻不專主修養也

第七章

天長地久天地所以能長且久者以其不自生故能長
生而不自生者惟生生物是以聖人後其身而身先外其身
而身存人也身先者謂人身之後身也先謂物莫之能害厚
非以其無私耶故能成其私即身存故成其私身先外

上言道生天地此章言天地之生萬物聖人之成
其私施地生其施物不已其生物不測未嘗一日息
以生故故能長生聖人亦與此章無一日愛其身
之以天地量故於此常知無之有身
奉措之間莫非大德必得其祿必得其名
若莫我私是謂後其身而身先其身而身存蓋聖
人之心明通公溥洞照無私非求以成其私也而
必得其壽是謂其身而身存先外其身而身

第八章

私反以之成
道則固然耳

上善若水水善利萬物而不爭處眾人之所惡故幾於
道甲不爭處高潔也眾人之所惡謂居善地避高趨
下也水不爭於道猶有道者之善也
居善地心善淵空虛靜照深不與善仁不求報善而
善也
有地也心善淵空虛靜照深不與善仁不求報善而
言善信圓決必旋流必折塞必流善信也
政善治洗滌萬物施而
夫一陰一陽之謂道體之為善者上善者道之所謂
似於有道者之善也為萬物之功
沉濕有利萬物之功
之是以居之安而居善地夫水善七者所
於有道者之善也居善地夫水善七者所
其循行動亦居善仁也泛應當事曲當言之謹言亦
以政治動政亦應曲當事曲當言之謹言亦
渕也心善淵善信言之謹言之謹言亦善信也
故無尤爭處高潔故無怨尤之者

第九章

持而行之不如其已揣而銳之不可長保
盈則必溢恐其
溢而左右以枝其

之曰持而盈之不如其已故戒之曰揣而銳之不可長保　金玉滿堂莫之能守戒之在富　貴而驕自遺其咎戒之在名　功成名遂身退天之道

誉存謙退之心　是謂天之道

此章言守身之道知溢而以持盈之必溢而不溢所以長守而不盈所以長守富也是故滿堂而不溢所以長守富金玉滿堂莫之能守目道之必折故以揣銳則折而銳之則折目道之必揣而銳之則不若不銳之可也

而常存謙退之心所以無私而成其私也其得天之道乎

第十章

載營魄抱一能無離乎　專氣致柔能嬰兒乎　滌除玄覽能無疵乎　愛民治國能無為乎　天門開闔能為雌乎　明白四達能無知乎

柔能嬰兒乎專氣無所知也見也見也見其形是謂天門開闔以受之運動變化而言謂雕著守靜養動之意也

愛必不閟以事治國國必不天門開闔能為雌乎謂心天門開闔能為雌乎謂心

無知乎內外明白而識無知乎能洞然無知也雖有大德而物莫之能

而不恃長而不宰是謂玄德也雖有大德而物莫之能宰

故曰玄德

第十一章

三十輻共一轂當其無有車之用　埏埴以為器當其無有器之用　鑿戶牖以為室當其無有室之用　故有之以為利無之以為用

三十輻共一轂當其無有車之用輻輪之輻也轂車中可行故故曰有車之用乃

謂轂之空處故惟空虛乃可運和也埏埴以為器當其無有器之用鑿戶牖以為室當其無有室之用

之用明室惟空虛故人得居處故有之以為利有此室之用

有此室則有所無之以為用出入通明皆當其無處則

此章言有無之妙世人但知有之為用而不知
以無運有其用乃神觀乎車乘以車而必載有之
得以處乃得用之用而不知用室當其無有室之用
故非有則無以成其利非無則有無以致其用可
見有無原自合一知兩者之不可分斯知道之至也

第十二章

五色令人目盲首言於視也盖五音令人耳聾言於聽也五味令人口爽馳騁田獵令人心發狂發狂神不定也難得之貨令人行妨妨謂非日用常行物行妨妨害德行也是以聖人為腹不為目腹者內也受而不取納而不留目者外也貪而不能受見而愈不足故去彼取此此者腹也

此章言聖人守身之道至人性定於中目辨色耳審音口和味田獵以時田獵足以亂心難得五音足以傷耳五味足以爽口遠境使五色足以盲目其正也若以聲耳五味舌以真正而主於物遠送使其能遠物而不隨觸遠流故為腹而不為目惟守內心不務外使其心承諸物而不染則中常淡然而湛然不擾矣

第十三章

寵辱若驚寵榮貴也辱戕賤寵辱若驚者言驚寵如驚辱也貴大患若

身貴身也言畏其身也何謂寵辱若驚寵為下辱為下辱謂寵榮失於寵則驚失之若驚得之若驚寵為是謂寵辱若身吾所寵為下而辱為下而寵為辱矣人知以寵為榮不知辱失於寵則驚得之若驚失之若驚何謂貴大患若身吾所以有大患者為吾有身大患者身生疾病改之于內寵辱大患者身生疾病辱得失皆于內有身者為吾有身辱得失之則大患去身故以有大患者為吾有身辱得失之則大患去身故此惠及吾無身吾有何患此惠非實謂謂忘志其身也志於內皆寵方有惠非實謂謂忘志其則大患盡去故貴以身為天下者可以寄天下身以身為天下者可以寄身為天下者重其身以貴身也則反可寄於吾記愛以身為天下者可以託天下反可託於吾記身愛以身為天下者珍惜其身也惜身也惜身者不輕以身為天下則可託天下

夫聖人既以身為外而戕其守內也驚寵如畏大患何以言之寵辱原非兩物寵為辱先故下之而得亦驚夫亦若驚則未嘗安於寵而驚辱之本能志其身而吉窅不得撰之則身且若無而患目不生笑推而言之若以身為天下而天下不可寄受以身為天下而天下不有其身然後可以涉世而無累也

第十四章

視之不見名曰夷也夷平聽之不聞名曰希也希無搏之不得名曰微微細也此三者不可致詰故混而為一者三者之名雖立而究竟不可分別故仍混而為道也其上不皦其下不昧皦明也昧暗也

凡物皆上明而下暗而道則在上不明在下不暗繩繩兮不可復歸於無物繩繩運行不輟之觀運行而不可名則歸於無而已是謂無狀之狀無象之象是謂惚恍惚恍出入變化之意迎之不見其首無始隨之不見其後無終也照以執古之道以御今之有能知古始古之道目是謂道紀紀綱也道治

以求則復歸於無狀之狀無象之象則謂有而不可謂無而又若有無若之至矣哉道之盈天地而不可執者也以為去而隨此所謂道也以為來而迎乎不在乎生乎曰微無欲聚者道也仰而一仍見道無可分而已其形府觀於下而不見其暗繩繩不可得而名矣此古之所而無窮之道此在是矣

能知古始之所謂道矣此章形容道之無物而可見者無聲無臭先天地生於何曰希其不可見而名之曰夷何其不可聞而名之曰希其不可得而名之曰微無欲聚者道雖無名而可名之曰希其不可得而名之曰混而為一

第十五章

古之善為士者微妙玄通深不可識夫惟不可識故強
為之容不可識則不可形故強形客之豫若冬涉川戒而後猶若畏
四鄰行曰猶儼若客敢慢不渙若冰將釋欲陷恐敦兮

其若樸言其曠兮其若谷渾兮其若濁物異以上聽其徐
為孰能濁以澄靜之徐清孰能安以久動之徐生
玄則通通則深入道之妙至於不可識以為恐懼而若冬涉川以為如恐人之
形客若畏四鄰言其未雕也故敦兮其若樸客若容受之而能擬若其意若其容
見若畏客之而不容躍而不能擬若其意若其濁也而靜之
水以為濁此七者皆所清孰能如今之濁也而靜之
濁而不盈但見故而不新能故而不新
此章言得道者之以虛為用也謂古之善為士者
以成聖而盡神之功也其入道也由做至妙而玄
之曰然保此道者不欲盈則無溢夫惟不盈故能蔽不
新成新也故不新成之理也新也故也成也

第十六章

致虛極守靜篤萬物並作吾以觀其復夫物芸芸各復歸其根歸根曰靜是謂復命復命曰常知常曰明

致虛致者推其至也致虛極則凡有皆藏於無矣
今之安也今之安而徐生凡以保此道者其中原虛
虛極靜篤致極則凡有皆藏於無矣
於靜其作且觀其復夫物芸芸各歸其根若
其作復歸根求靜者止動息念強持之而非靜矣
於根復歸歸根則返於此靜乃其靜矣
於根也人生而靜天之性也豈非賦命矣復命曰常然
靜曰復命之本然乎靜而見性斯復命矣復命曰常然

【上欄】

常存即所
謂常道也
知常曰明故能生明物無障蔽不
知常妄作凶
有作為即知常容知之分能容
山機也即化人我非容物之量容乃公
至公乃王王乃天天下符與天乃道皆道所
塞道乃久真非常沒身不殆

保此道而不敝豈能久致虛則靜
為正以物之歸芸芸根既歸芸芸是
至靜之中本根復曰復命至於復命
乃是常久而不易之理故曰復命至於
乃是常久不易之道方謂之明
失夫人惟有不知此常久不易者能知
笑夫人惟有不知此常久不易者能知常其心與天地同
失道而雁虛乱知常妄想其心與天地同大卻物不容

既能容矣則何事不公王天下者即此公道是也以
公道而王則與天地同天即道也故曰天乃道此道
也即所謂久不易之道也能得此常久不易之道又
之道則終其身無非道矣又何危殆之有哉

第十七章

太上不知有之
太上猶言最上不知有之者其次親之
譽之道德既洽其仁義乃彰其次畏之
次悔之從事用刑法不足以制其心則信
悔之從事權衡而民悔之笑則民畏其威刑
譽之則道德既洽其仁義奉其義行政形斯其
更治術則民猶今其貴言餘遙延言重其言不出
始悔其上猶今其貴言
諸口而民功成事遂百姓皆謂我自然失道
曰信之功成事遂百姓皆謂我自然失道隳大同事

【下欄】

失遂
此章言世之降而知道日益喪也知道
無作曾治之民其所始有損譽之意又其所
始有現海之意凡此世道愈降而愈下
人誠信不足而民有不信聖人則亦不言
道御天下亦既誠信有餘矣而其所不知
不輕出諸口蓋不言也然其所謂帝力於
既成事既遂成而其功不知為之者誰哉
我何有豈非誠治哉

第十八章

大道廢有仁義
大道之隆無仁義之名而仁義智慧
有大偽智以知慧以察之以
行其中大道廢狀仁義乃名

有大偽智以知慧以察之以
六親不和有孝慈父子
見弟夫婦也六親相加其偽出
而後有孝子之名至治之世
臣之名也國亂君臣同德
國家昏亂有忠臣
而後忠臣見焉同德無忠

此章專言末流之遠於道無形妄大道於
此即廢專言末流之遠於道隱於無形妄大道於
相遜相麻而智慧用智慧既用則人人出其變詐以
其親不獨子其子而大偽於是生矣至治之世人
人各子其子而孝慈有不和著曰人各親其親
不和也大道為公主臣一德何從而有忠臣之名
有忠臣者由於國家昏亂也此見每降而愈下去道
之意日遠之意

第十九章

絕聖棄智民利百倍
非聖智不足以知道然使民知有聖智之名必至馳騁意識以為言矣絕仁棄義民復孝慈

絕仁棄義民復孝慈
仁義本在大道之中然使民知有仁義之名則以行其私矣以便事利以濟物二者非以絕仁棄義民盜賊無有

絕巧棄利盜賊無有
巧以便事利以濟物二者非以為盜而盜賊無巧利不行也

此三者以為文不足故令有所屬
屬附屬也下文見素抱樸少私寡欲即所附屬也聖智仁義巧利三者由世道日趨於文故有所附屬

見素抱樸少私寡欲
有道者觀于世之返降而去道日遠也故出而後天下之言生不若棄之而絕之也故聖智仁義巧利之名出而後有孝不孝慈不慈之名出而後有盜賊之名出而後有此三者宜乎其日趨於文故作此論以見返樸還淳之意在少私寡欲也天下不若使民有所知而自見素抱樸少私寡欲乎此上古之治哉

第二十章

絕學無憂
學至於無所學乃為統道無思無為無憂唯學道者能無憂也

唯之與阿相去幾何
唯諾之聲也阿慢應之聲唯阿皆應聲唯諾雖善而何相去不遠

善之與惡相去何若
善之與惡相去何若善人之所畏不可不畏

人之所畏不可不畏
荒兮其未央哉而其所畏者大而無極也

荒兮其未央哉
無物域言眾人熙熙如享太牢如登春臺所好溺於榮

眾人熙熙如享太牢如登春臺
太牢喻其美登春臺喻其樂也眾人熙熙然好溺於所享其樂如享太牢之美如登春臺之樂此眾人之溺於所好也

我獨泊兮其未兆如嬰兒之未孩
我獨泊兮其未兆如嬰兒之未孩者嬰兒方生萌芽初茁長也乘乘則似進似退荒乎其未央哉而其所畏者無乘乘則似進乘兆若無所歸矣

儽儽兮若無所歸
眾人皆有餘而我獨若遺我愚人之心也哉沌沌兮眾人昭昭我獨若昏昏

眾人皆有餘而我獨若遺
我愚人之心也哉沌沌兮眾人之心如有所用也

我愚人之心也哉沌沌兮
也者沌沌無所知而渾渾然也則忘其所知若愚人之無所知也眾人皆昭昭然自謂有所昭察我獨昏昏若昧有所不知而不用也

俗人昭昭我獨昏昏
寂兮似無所止也眾人皆有所察察兮我獨悶悶若無所知而渾渾然也

俗人察察我獨悶悶
澹兮其若海飂兮若無止而眾人皆有以而我獨頑似鄙

澹兮其若海
眾人皆有以我獨頑似鄙
澹兮其若海飂兮若無止眾人皆有所用也

飂兮若無止
我獨異於人而貴食母

眾人皆有以而我獨頑似鄙
道若萬物之母聖人以道

我獨異於人而貴食母
道若萬物之母聖人以道為宗如嬰兒之食於母眾人皆昧于此我獨異於眾人而貴食母為宗學乃為絕聖棄智而歸於素樸其於世也又何所學乎惟握道抱德乎惟撮多懼者之所懼惟其聖人以無為無憂為宗蓋學而後有多懼阿之心也而此上所謂善之勝惡阿之勝善者唯之謂唯阿之聲相去無幾不若善之而此心無所作善以行之而人之所不畏荒乎其未央哉而其所畏者將謂是愚人之心也若俗人之昭昭而聖人獨若昧人也然何其渾渾而聖人獨無知為人也故人皆各出

其見若有所用而聖人獨揆然郁無一無所施凡此
所以異於人者篤脫遺學問以道為宗如嬰兒之
食母而已夫嬰兒食母曾何憂乎

第二十一章

孔德之容唯道是從　道無形容一可形容即屬之德之容亦皆從出於道道

之為物惟恍惟惚惚兮恍兮其中有象恍兮惚兮其中

有物窈兮冥兮其中有精其精甚真其中有信

有精其精甚真其中有信窈冥深遠不可見是為有中之有信者

中之有有之有者也惟恍惟惚中之有然而不可見之

精唯其真狀之一而不雜者也後為有中之有者有

物則所謂恍兮惚兮而不昧也物非物則有象若惚

恍惚而無所從出哉若非道之從而已矣道之為物惟

唯恍而無所徒以有物者也然則恍兮惚兮之以

何所從出哉若道之從而已道之為物惟恍若有

夫道物去智至於頑若鄙則其容之甚德者也夫

乃其中有精者也然而不偏若於此天下之物則

者疑於無道者也然疑於無物者也乃其中有物

而惚則有物然則恍兮惚兮而不昧也則方昧於

真而不偏而有精者而不或常而不變者也以古

為萬物之母矣聖人所以能觀其有之始而知屋有

及今其名不去以閱眾甫者其名有之始也自古

一而數之曰閱眾甫道之自門出者也如吾何以知眾甫之然哉以此

之所由然者以其體乎此道耳

第二十二章

曲則全　聖人動必循理理之所在雖曲而能全曲

則直枉則直矯天下

枉則直

之至窪則盈窪泉下也故必盈敝則新敝問若將敝而實則

之所自見則不明天下以不自見之所自見者常與道供故

下則少則得多則惑一而已得一而無以一之則無所惑是

以聖人抱一為天下式者常與道供以一之則無所惑是

是其能盡所不自見故明天下以不自是之所不自是而

自是也則所見而我主之而我不是不自是故彰不自

下則伐而我之所不見故有功而我不自矜

是其能盡不自見故明不自

故長不自矜谷長天下以不自矜之所不自矜故有功不

故聖人得任萬物而我無我所謂全者內以全外以全物

我無我所謂全者內以全外以全物物

歸之我無我所古之所謂曲則全者豈虛語哉誠全而

故長不自矜谷長夫唯不爭故天下莫能與之爭

古之所謂曲則全者豈虛語哉誠全而

之也大笑之也

長而因人之長唯人之長而不與物爭故故因人之

是而固人之是也而固人之是不與物爭故天下莫能

一也而因人之見不自見其見於其長

聖人備理而動本至全也而又能曲以養之則其全夫

第二十三章

希言自然

天地之理本自自然故自然二字其言不多而天地之理不過如此而已飄風不終朝驟雨不終日孰為此者天地天地尚不能久而況於人乎

飄風驟雨非出於常然故不能久朝且及暮為此者天地尚不能久而況於人乎故從事於

故從事於道者道者同於道德者同於德失者同於失同於道者道亦樂得之同於德者德亦樂得之同於失者失亦樂得之

道者道為無我故可行則行可止則止失我同者隨順而無違意同於道者道亦樂得之可行我亦樂得之可止我亦樂得之唯德失道亦無違馬同者同隨順而無違道者道亦樂得之可行我亦樂得之可止行止失我亦樂得之同於德者德亦樂得之同於失者失亦樂得之

失者失亦樂得之

可行我亦樂得之可止失我亦樂得之行止失我亦能

信不足焉有不信焉

信者人之所以不爭者蓋以天地之理本自自然而已故聖人之所以不爭者蓋以天地之理本自自然而已故其言不多而天地之理盡於此世罕信之故曰信不足焉有不信焉然入道貴能信若信之不足又則於道有不能自信

第二十四章

也于是蓋以不信夫惟信道者然後可以語自疑之道也

於是蓋以不信夫惟信道者然後可以語自疑之道也於同亦無失於道也然亦不樂則本無可得亦復何其喜於不樂作也其言必有微惡能父子即於飄風驟雨之不能久也然則本無可得亦無失於道者於事於道則同其得失故得其失寵道者不然而隨世不能久作也

跂者不立跨者不行

跂踵而立足曰跂張足曰跨踵立欲增潤則反害其行欲增高則反害其行也

自見者不明自是者不彰自伐者無功自矜者不長

自見者不明自是者不彰自伐者無功自矜者不長其

其在道也曰餘食贅行物或惡之故有道者不處

夫聖人從事於道也而不自見不自是不自伐不自矜者蓋親事夫爭者之當也夫人未有不自見是而能自明者也亦未有不自是而能自彰者也未有不自伐而有功者也未有不自矜而能長者也此皆足以害其身而彼跂立跨行者為尤甚焉以跨立為足而跨以行為未足而加之故曰餘食贅行餘食贅行者彼是於已為餘食贅行夫餘食人之所嗜者也而其復厭飽則以為穢而棄之矣贅行人性之本無是而時俗之所增者也是故贅行者人之所惡也故曰餘食贅行物或惡之故有道者不處之故曰贅行也餘食贅行物或惡之故有道者之不處也

第二十五章

有物混成先天地生

妙理常存故曰有物混成道生天地故曰先天地生

寂兮寥兮獨立而不改周行而不殆可以為天下母

寂無聲也寥無形也廓然無偶故曰獨立古今一日故曰不改可以為天下母者不在日行所在皆通一曰不殆可以為天下母者不在日行所在皆通日行而不殆而不始可以為天下母天下萬物之所由生也故曰可以為天下母者不知其名

吾不知其名字之曰道強為之名曰大

道本無形不可以名求一日不得可名故強字之曰道強為之名曰大

大曰逝逝曰遠遠曰反

逝往也遠遠也反反道之為物用彌六合卷之則莫知其所之其大無不包故大曰逝逝則往而不窮故曰遠逝則往而不礙故曰遠遠而復歸其根則曰反

故道大天大地大王亦大域中有四大

其所以大者足以大之之名之強為之名而已大則往而不礙故大曰逝逝則達而不礙故曰遠遠而復歸其根則

末始離乎吾身故道大天大地大王亦大域中有四大也故遠曰反

而
王居其一焉，人法地，地法天，天法道，道法自然。曰天地區

此章言道之大，而王者配之也。夫道之為物，先天地而生，莫窺其始，莫測其終，寂然不動，而萬物由之以生，莫見其迹，強名之曰大。大而逝，逝而遠，遠而反，蓋道之所以為大者，以其無所不周故也。以此而觀，則天地之大，道之一焉，而王者居其一焉。此章言道之大，而成其為性也。故曰清，非濁；非動，非此。道法自然，曰天，亦曰道，亦曰自然。道之所以至者，自然而已。故曰道法自然。人法地者，地之所以載人，亦地之所以安人也。地法天者，天之所以覆地，亦天之所以成地也。

道之無私覆，法道之無私生成而已。是以喜怒哀樂之中節，即足以位天地育萬物，則王之配道又何難？而王者法之如此。

第二十六章

重為輕根，靜為躁君。　根本也。躁者動之甚，而須授也。重為輕根者，是以聖人終日行不離輜重。　輜重，車在後所以載行者，師行皆有輜車也。雖有榮觀，燕處超然。　燕處，宴居，華之觀也。燕處超然古者吉行皆有輜車，行者之衣食，然雖城以其累重，故稍輕榮觀則自失其本矣。奈何萬乘之主而以身輕天下。輕則失根，躁則失君也。以身輕天下者，謂以身勞天下之細矣。輕則失其本矣，躁則自失其所主矣。

計不用籌策。　萬物之數畢陳於前，時然後言故言善閉無關楗而不可開，計而知安用籌策？善閉無關楗而不可言善結無繩約而不可解。　結繩也全德之人其於萬物結繩約而能約，不去故也，是以聖人以真常之善救物，人人守在此教也故善開善結無繩約而不可解。

欽定四庫全書
御定道德經註　上篇　三十三

善行無轍迹，　循理而行，善言無瑕讁，　時然後言故言善善行無轍迹故無迹，善言無瑕讁滿天下無口過善閉無關楗而不可開，　楗，拒門木也，橫曰關，豎曰楗開善閉無關楗而不可開。

第二十七章

棄人常善救物故無棄物，是謂襲明。　聖人以真常之善救物，物無棄其育之中故無棄人以真常之善救育之內故無棄物。聖人藏其明而不露也故善人不善人之善救人故無棄物是謂襲明。故善人者，不善人之師；不善人者，善人之資。　善人者不善人之師，善人之資，不善人者善人之資，不貴其師，不愛其資，雖智大迷。是謂要妙。　以為善人之不善人也，然善人之所以為師而吾師之，不知其所以為可貴也。不善人雖可資而吾師之，不知其所以為可愛也。故曰要妙。雖智者亦有所不能喻也，故曰要妙。

歟

雖智者亦有所不能喻也

貴不知其資之有可愛則善惡兩忘混然而化於道妙者

不襲是以其有哉然則不知其師之資之為

則無棄物矣此唯聖人能之故聖人之於人不知

而則明唯以其真常救物而不知故物

不以物雖有常而失其真常以知故聖人以真常救物

不以物而少人與物雖有常而失

言善計善閉善結皆善也常善則不以人而多

此章言聖人之行雖靜且重其實無能名也善行著

第二十八章

知其雄守其雌為天下谿為天下谿常德不離復歸於
嬰兒

嬰兒意慾谿水所歸往也即常道也人之初生常德内
宗德為萬物之所歸雖日用而不離則復歸於嬰兒
金及為萬物之雄剛強也雌柔弱也知有運用之意守
差夫也歸於無極則知常道之不忒亦非特不忒無
谷常德乃足復歸於樸榮尊尚也辱卑下也谷虛而能
婴兒又不足言矣知其榮守其辱為天下谷為天下

知其白守其黑為天下式為天下式常德不忒復歸於無極

天下式常德不忒復歸於無極天下式者法也黑晦昧也

樸散則為器聖人用之則為官長故大制不割

已樸不割以為官長而後有器聖人抱樸故用此樸

大制不割以為官長而後有器無所制也割分裂也

此章言聖人以無御有同玄獨理者有非晦所能獨理盖天下之事有非

柔所能獨濟者有非晦所能獨理者有非在下所能

獨成者此聖人所以知其雄知其白守其榮也

剛不生於剛而生於柔明不生於明而生於晦榮不生於榮也

生於高者必守於下此聖人所以為谿為谷為式守其雌守其黑守其辱也

道正於此真常之德之以為谿為谷為式也

者若此其真常之德之來歸焉以必守其雌守其

也實者此器也器形而下者也聖人復歸之惟樸散則為器

道形而上者也樸則其道形而上者則為官長

制之大制則不割也其制抱樸而民自正者歟

謂抱樸而民自正者歟

第二十九章

將欲取天下而為之吾見其不得已天下神器不可為
也為者敗之執者失之故物或行

耳其始天下非為之也因萬物之自然而

然耳若欲取而為之則傷萬物之自然故敗之則乘通變天下之性或行

或隨或歔或吹或強或羸或載或隳是以聖人去甚去奢去泰

也為者敗之執者失之為者此為之也固萬物之自然而

或隨或歔或吹或強或羸或載或隳是以聖人

人去甚去奢去泰奢泰去甚也去甚也先倫也去

事或治天下不可為也夫何以神器惟神器可以御之神

若無斯也無思也夫神器惟神器可以御之

有得者以求或失以凡物各有目然之性故有

為者所以求或敗之執者所以求而不可也

足以失之誠以凡物各有自然之性故有

理目得也剛的動止之性而為或者因其勢而物道愈擾也是以

之不同剛的動止之性而為或者因其煩勞而物道愈

聖人抱樸以治天下以無為而天下神器不可為

聖人去其甚去其奢去其泰使不
至於過而偏物而天下無惑者矣

第三十章

以道佐人主者不以兵強天下其事好還師之所處荊
棘生焉大兵之後必有凶年之所在民事廢故田不修
用兵之後殺氣傷和善者果而已不敢以取強決而已盖主
故不敢以取強也果而勿矜果而勿伐果而勿驕果而
非所恃以取強也果而不得已是乃果而
而不得已是果而勿矜其能不伐其功不驕其勢而
勿強之物壯則老是謂不道不道早已物之
道強壯則老而道也者

第三十一章

夫佳兵者不祥之器物或惡之故有道者勿處佳兵善
難而不處者以之滑君子居則貴左用兵則貴右主左為陽陽
不處也者以為常君子居則貴左用兵則貴右主發生右
道貴於無象以為強故也
人主者為者也故以道佐人主者亦不以兵強天下亦
下盖以道服天下則天下莫敢不服以兵強天下亦
將阻而抗我矣況天時地利未必盡于克敵善
用兵者克敵而已非特以取強也然難主于克敵而
而且勿矜勿伐勿驕勿以強為其心誠出不得已而
強者老而道也者蓋早已而用壯則必老豈可常之
殆也故當早已而用壯則必老豈可常之
道哉故當早已而不以兵強天下也

澹為上勝而不美而美之者是樂殺人夫樂殺人者不
可得志於天下矣
將軍處左上將軍處右言以喪禮處之殺人
眾多以悲哀泣之戰勝以喪禮處之
以兵為強故以喪禮處之
居左上將軍居右言以喪禮處之
祥之器而物或惡之故有道者不處君子用兵或
此章言用兵乃不得已而用之
居貴左而用兵則貴右正以兵為不祥之器非君子之所樂
之本也然君子雖勝而不以為喜謂之而喜是樂殺
之人以人之死為樂殺人者不可得志於天下矣故吉事尚
右尚左凶事尚右偏將軍處左上將軍處右則悲哀而泣

第三十二章

道常無名道即首章之常道無名即首章之無名
之樸小侯王若能守萬物將自賓
之若小侯王若能守萬物將自賓天地相合
右所以然者以道之在天下
是戰勝而於以喪禮處之
見兵者不得志而用之非喜之也
以降甘露人莫之令而自均令均遍也
既有制名則有名夫亦將知止名還鎮以樸知止所

以不殆譬道之在天下猶川谷之於江海 分江海水

合之

此章言道器之循環也道無可名之可謂小矣而天地以此而始萬物以此而生天下之侯王若能守此道則萬物自賓服之也亦承上知天地之氣相合為一而降甘露侯王體之其至名以忘萬物故作是散為器而有其名矣聖人不狗道以御物其不令而目均止於其名以忘道故樸若川谷之於江海為宗則渾以器殊道而仍鎮之以無名之樸耳

第三十三章

知人者智 分別 自知者明 障蔽盡則心無所不照 勝人者有力 角力 自勝者強 克己之私 知足者富 知足則常有餘 強行者有志 自克則富有 不失其所者久 不為物遷而不亡 死而不亡者壽 真性湛然則死而不亡

此章言聖人之道別之心未除則知人而不能目知若夫常之明目知人而不能目勝若我食勝者物著而得相加我惟目足不失於人則人死生大故夫物變窮而心未嘗失亡則壽蓋非不生而不死者乎至人所為萬物皆備也

第三十四章

大道氾兮其可左右 言無繫也 愛養萬物恃之以生而不辭功

成而不有愛養萬物而不為主 不為主之心也常無欲可 名於小則似乎小萬物歸焉而不知主可名為大不 則似是以聖人終不為大故能成其大

此章言道體之無方故道氾兮其可以左以右而道之所生之物既無所不周是道既無不周是物皆以道為主矣而未嘗居其主亦未嘗自以為功蓋道愛養萬物而無欲可以名又可以名大然而不目大以其小所以能大也乃能成其大也

第三十五章

執大象天下往 大象者無象之象即道也往者歸往也 往而不害安平泰

往而不害者道也往而不害安平泰 於物無傷也

樂與餌過客止 樂與餌過客止餌可適口道之出口淡乎

其無味視之不足見聽之不足聞用之不足既 夫萬物恃道以生故聖人執此道而天下目照歸之而莫受其傷則聖人皆安其平泰夫張樂設餌以待過客客過則止餌以味而味則以口實味之不可見之味不可見不可聞者正足彌旦今古用之無窮盡裁以見淡無為乃成大象也

第三十六章

將欲歙之必固張之欲歙斂也張開大也將欲弱之必固強之將

欲廢之必固興之將欲奪之必固與之是謂微明微明謂雖

若幽隱而柔勝剛弱勝強魚不可脫於淵邦之利器不

可以示人

此章言盛衰往復之理而得聖人制心之妙將欲云

者將然之辭必固云者已然之辭於其張也知其歙

於其強也知其弱於其興也知其廢於其與也知其

奪如日之中昃月之盈虧此消息盈虛之理雖難於

見形者以為剛強能制柔弱而不知柔弱之能勝剛

強夫人之一身剛強者死之徒柔弱者生之徒則柔

也魚藏淵之中柔弱自得而可以生活躍而陸居

必無奪其美聖人退處巽順而能力挽天地盜出其利

第三十七章

道常無為而無不為侯王若能守萬物將自化而欲

作吾將鎮之以無名之樸作動也鎮者壓無名之樸亦

將不欲不欲以靜天下將自正

此章言道以無為為體無為而無用而說之以無也

無為而無不為則無為之用美侯王若能守之

此章言道則不求化萬物而萬物自化觀萬物之

化始於無為之道則漸至於化作必將紛紜多故聖人知

之則於其方作而以無名之樸鎮之然則郡之至矣

之心將使樸非其樸也故并樸鎮而不欲則郡之至矣

夫天下之不靜皆於欲不欲而靜

自然無為天下有不同歸於正者歟

御定道德經註上篇

詳校官侍郎臣謝墉

撿討臣何思鈞覆勘

總校官舉人臣章維桓

校對官編修臣戴心亨

謄錄監生臣吳啟晉

上德不德是以有德下德不失德是以無德

不德者 忘德而化也

上德無為而無以為下德為之而有以為

而未化也 為之而有以為心則是無心 而有以為之而無以為之而無以為上仁為之而無以為上義為之而有以為

上禮為之而莫之應則攘臂而仍之

德強民而民不悅起扔引之形客強以之德言 之言擊搜攘臂引之形客強之之德言 故失道而後德

失德而後仁失仁而後義失義而後禮夫禮者忠信之

薄而亂之首也前識者道之華而愚之始也前識者用之智之華者

是以大丈夫處其厚不處其薄居其實不居其華

故去彼取此

老子於此章務內之厚而略外之薄此言之類也去彼去彼 謂道自其所得之謂德上德者得道之足而無為之者以求其不失耳而道自足故 曰有德上德者勉強以求而無為之跡立于德常無為而無為之心下 德者不失道常無為而無為之跡立于仁義否 不見于為之心下 不見于為之其所以興者仁以為之其所以 為功也若禮則其所以為之者殽雜為之而不應則 為功也若禮則其所以為之者殽雜為之而不應則

至於撲散而強之而去之而至于禮禮者將以檢
忠信而止亂之首不處則利器干戈種種而有故
禮反為忠信之薄而亂之首猶之智以導愚則感
亂本真浮妄而反為道之華而愚之始是以大丈
夫處其厚不居其薄處其實不居其華去義徙禮道
之大全是也其厚不居其薄去彼取此

第三十九章

昔之得一者道也天得一以清地得一以寧神得一以
靈谷得一以盈萬物得一以生侯王得一以為天下貞
其致之一也致極也言其天無以清將恐裂地無以
寧將恐發神無以靈將恐歇谷無以盈將恐竭萬物
無以生將恐滅侯王無以貞而貴高將恐蹶故貴以
賤為本高以下為基未有不貴乃貴高以下為基未
有不立而自立是以侯王自稱孤寡不穀此其以賤
為本耶非乎故致數車無車隨件而數之則為輪
輻轂衡軛為車矣故致數車無車此與者同名
非自起也所以此章言得一而已天之所以清地之
所以寧神之所以靈谷之所以盈萬物之所以
生育王侯之所以正萬邦極其效受之珍故於此則
不欲琭琭如玉落落如石琭琭硜硜然此則為珍
落落硜硜則為賤也

第四十章

反者道之動反者復之謂也復其靜也弱者道之用
天下之物生于有有生于無

上言貴以賤為本高以下為基此復舉動靜強弱
又推言有無之所由起也有始於無静実然感而
遂通天下之故則動矣動則強莫加之道之動弱
者道之運也至弱者道之始動于天地然後有萬
物故曰物生於有有生於無相生就歸心道則首
有有名

第四十一章

上士聞道勤而行之中士聞道若存若亡下士聞道大
笑之不笑不足以為道故建言有之言且信且疑之
笑之不笑不足以為道故建言有之古人所立之
言有之建言者古人所立之言也以下數句是也
明道若昧進道若退夷道

若類同之和光
上德若谷若大白若辱之污廣德若不
足建德若偷苟之質真若渝變之大方無隅東
之謂大器晚成大音希聲大象無形道隱無名夫唯
道善貸且成　以見還曰貸

欽定四庫全書　御定道德經註　下篇　四

此章言世人信道之難因迷古人為道之語上士知
而能信故聞道則動而行之中士在微影之際故聞道
則若存若亡下士為益笑而已以為若昧若退若類同
若非若辱若不足若偷若渝若無隅若晚成若希聲若
無形故道隱無所而受而不為之非吾道不行而明
也若夫德谷常處甲下而不盈若上德谷常處甲下
而受而不盈也夫大白若辱

第四十二章
道生一一生二二生三三生萬物萬物負陰而抱

陽　凡物皆情止于後陰靜之沖氣以為和沖氣之虛行
物物莫不負陰而抱陽沖氣以為和
人之所惡惟孤寡不穀而王公以為稱此亦謂之有道
故物或損之而益或益之而損　滿招損謙受益古人嘗以
亦教之強梁者不得其死吾將以為教父

欽定四庫全書　御定道德經註　下篇　五

此為教而我亦教之觀乎強梁者不
得其死吾亦將以此言為教也

第四十三章
天下之至柔馳騁天下之至堅
無有入於無間吾是以知無為之有益不言之教無為之
益天下希及之

益天下希及之
學道者如強梁之足戒則天下之道莫妙于用柔矣
故堅者易折柔者常存以至柔馳天下之至堅如水之
穿石則知柔之莫可摧也一身之周身則如無之莫可禦也以
無而入于至有如料不相受以至
無而觀無為而無不為之者至理也則不言而教以
自行無為而功自成天下孰能有及者乎

第四十四章

名與身孰親身與貨孰多　多猶重也　得與亡孰病是故甚愛

必大費　多藏必厚亡

知足不辱知止不殆　歲之多則玩之後玩之者懼

可以長久　知止不殆加之有損

此章言學道則自反而足為務外求也徇名與貨多重為名與貨多藏必厚其所有存而不惟知足以養其身是受名與貨之病也不退不退則不免以是守身長久之要道也

○

大成若缺其用必敝　缺者事成則敗之者至若大盈

用不窮　器盈則損之者至若大直若屈

若拙付物自然而巧　大辯若訥訥者不出口也躁勝寒

躁則氣盛故能勝寒靜勝熱　靜則氣歛故能勝熱清靜為天下正　勝動以清

此言常虛之妙有大成者常若有缺大盈者常若有虚大直者常若屈大巧者常若拙不自然也大辯者常若訥不自炫也今夫寒

第四十五章

暑天地之氣有人于此一躁馬則可以勝寒一靜馬則可以勝熱一時之躁一時之靜非人身之正也而

待言矣而又何藉于成缺盈虛之數乎

第四十六章

天下有道卻走馬以糞却屏去也天下無道戎

郊戎馬戰馬也四野之上罪莫大于可欲　非理欲求禍莫大于不

知足不己則必害于人咎莫大于欲得　欲心無厭往往以知足起之天下有道民安

之足常足矣　一性之内本無大欲既往于理則耕雖有善走之馬

此章深言欲心害道而戒以知足也天下無道

○

第四十七章

欽定四庫全書　御註道德經口訣　下篇

則賦事爭事起自欲戒馬生于四郊而民無安業矣原其

可以言爭之所自欲故罪莫大于可欲由此可欲

得恣咎因之故咎莫大于欲得所欲

不足則知之故不知足者雖有而常若不足

常足也則知之可知矣

不出戶知天下不窺牖見天道言不必出戶而

是以聖人不行而知　天地可以形求之所以

之理運行其出彌遠其知彌少

不出戶知天下不窺牖見天道天道言不必仰

見是以聖人不行而知天地不可以形盡之所

得遠而不為而成道至此而無所

則隨遠而不為而成作為自成功矣

御定道德經註　下篇

此章言性體之足天下雖大人情物理而已雖不出
戶可知之天道顯隱陰陽變化而已雖不行亦不
可見心若必出而求知則足跡所及知見所本乎
道之妙不可見而本亦
其出彌遠其知彌少聖人不行而知不見而名故
其故知能知能名故不為而成撰其自然而已

第四十八章

為學日益　將以求益為道日損其妄也損之又損以
至于無為則至矣故損之又損而至
無為則恭已以治萬物之生成乃其所以無為
為無為而無不為萬物之生成乃其所以無
天下與民歸之故常以無事得之
以取天下事而非天下歸之矣
若有取之心則有取之
事則紛擾愈多又
何足以取天下乎

第四十九章

聖人無常心以百姓心為心善者吾善之不善
者吾亦善之德善矣非一人之善而
信者吾信之不信者
吾亦信之德信矣非一人之信聖人在天下怵怵為天
下渾其心之意渾無主焉而已百姓皆注其耳目聖人

皆孩之

此章言聖人忘心之妙無常心而以百姓心為心
譬之鑑焉無所於心形為形而已故善者
之心善則吾亦善之在彼吾善而已德之善者
心善焉吾善之可謂德善矣信者吾信之
正以聖人怵怵然為百姓注其耳目以
之信則吾亦信之在彼吾信而已德之信者
心信焉吾信之可謂德信矣
自異而已其耳目以觀德聖人之
其自在彼吾不於此焉惴惴
以此聖人之好惡是而已一以嬰兒遇之

御定道德經註　下篇

第五十章

出生入死　出者越然而脫離生之徒十有三死之徒十
者遠昧而汩沒
有三人之生動之死地者亦十有三以十分言之生居
其三死居其三
有其生而益生之厚耳
所以不免於死者由忘益
開善攝生者攝生即善陸行不
過兕虎兕虎野入軍不避甲兵兕無所
兵無所容其刃夫何故以其無死地

此章言養生之道惟無生出則為死用
一之死地者所存之道惟益開善攝生者養生之厚也使
則為死之徒死地者所以益
物取精以自滋養則為生之徒臭味以自戕賊
此章言養生之徒
則為動之死徒死之地則于言之則十三凡
分之內則有生居其三死居其三動之死者正以其裕生之過厚耳見生固

死之地矣故善養生者内不見有身外不見有物故
為虎兕所不能傷甲兵所不能加而惟見角無所措爪無
所措刃兵之故以無死地

第五十一章

欽定四庫全書

道生之　畜之　物形之　勢成之
見也勢之成之自生而長而
形可勢成之成自然之勢也
是以萬物莫不尊道而
貴德道之尊德之貴夫莫
之命而常自然故道生之
畜之長之育之謂之亭之
毒之謂之毒其精
貴德道之尊德之貴莫其用
之謂之育其材亭之
猶之莫不為而為命之畜
故故貴德莫之命而常自然

太和氤氲萬物形之
謂之畜物形之眾而
萬物之成者而
是以萬物莫不尊道而
故道生之謂之毒
其精德之謂之毒之
量其用養之謂之毒之

保其和覆之道之曲成萬物
謂之養其傷謂之覆以上句極言
萬有不恃長而不宰是謂玄德
其能雖長之而不住其自然未嘗宰
此章言其畜生萬物之多
道之尊德之貴至于藝長莫不
非德之畜物物有形莫不以道
制其能雖長之而不住其自然
而生雖自然者而且生之
莫非自然而畜凡所以長之而不自恃長
之謂之玄德而何

第五十二章

天下有始以為天下母
無名天地之始有名萬物之母
天下有萬物而未足以為天下母
名有萬物而為天下母
自天而下奇生于無名以為天下
母也然則天下之始以為萬物
此章言道為天下而聖人體之夫無名
天地之始有名萬物之母而天下母
納之為道

既得其母以知其子
既知其子復守其母沒身不殆
自天而下執能以我之所
納不納則塞其兌乃忘萬物
馬是謂其母有門
則塞其兌内則物不入
而不納則塞則物不出
動于内則塞其兌而物
而物通則出其門又物
則出其門又物引于外而
納不納則塞此所以
自出其門內交物我
則塞其兌此所以守其母沒
故然守其母沒身不殆

塞其兌閉其門終身不勤
不勞而成功若開兌濟事則終身陷溺

開其兌濟其事終身不救
納而成功若開兌濟事則終身陷溺
其兌而通物引于外而吾
納而不納則塞其兌而不通
自天而下奇生于無名以為天下

身殃是謂襲常
猶言前襲明朝
密而不密朗

日明守柔曰强
明之用其光復歸其明無遺
不可以力得曰襲柔小
納馬是謂得其母以知
其子馬是謂得門而不
其子馬是謂有門

兒濟其事終身不救
動于内而吾兒微馬是謂有兒而不
則塞其兒而不通物引于外而吾
納而不納則塞此所以守其母沒

殘身不殆母謂道之子
母之所以子既得其子復守其
之所資生之母既得其子復守其

天下有始以為天下母
無名天地之始有名萬物之母
其有名萬物之母則物之及母
之所資生之母既得其子復守其

見小曰明
兒濟其事終身不救則塞其兒
納馬是謂得門而吾
納而成功若開兌則塞其兒
其兒而通物引于外而吾

身殃是謂襲常先者不可以力
明之用其光復歸其明
者不可以力得曰襲柔小則返于
明則用其光復其明常
密然矣何殃之有襲常

見小曰明守柔曰强
用其光復歸其明無遺身殃是為習常
此章言道為天下而聖人體之夫無
名而萬物之母而未足以為天下母
名有萬物之母則物之及母
自天而下奇生于無名以為天下
母也則天下之始以為萬物
曰明守柔母者不可力得者
夫惟守其母者獨能守之故
兒而不塞濟其事而不損夫何勤
芸于前而不塞濟其事而不損之
納不納則終身陷溺其物
則塞其兒乃忘萬物之故芸
馬是謂有門則物不入而
納不納則塞若忘道徇物
曰明守不可力得者獨能守之故
兒而不塞濟其事而何勤
曰明守不可力得者獨能窺之故曰
曰强既用小

御定道德經註　下篇

第五十三章

使我介然有知行于大道惟施是畏
化今介然有知而行于大道則有
詭設建立非其自然有足畏者矣
大道甚夷而民好徑
為過遠而好徑以求捷
大道平易而好徑以求捷者
朝甚除田甚蕪時民倉
甚虛服文綵帶利劍厭飲食資貨
有餘是謂盜夸非道也哉
此隨之矣

第五十四章

善建者不拔善抱者不脱子孫以祭祀不輟
拔唯為道者善建之以常無有則善建而不
抱而固者未有不脱唯為道者抱神以靜則善抱而不

第五十五章

含德之厚比于赤子
含德藏畜而不露之厚者至也
含德而極其致則如赤子矣
蟲不螫猛獸不據攫鳥不搏
毒日蠆猛獸虎豹之類以

爪搏芛曰攫攬鳥鵰鴟骨筋柔而握固未知牝牡之

合而朘作精之至也以四指撮拇指曰握嶸作聲氣味之故也光也如
在物是朘者也此所謂朘出無入無外其然之理也不可得

日號而不嗄和之至也知常曰明知道久之理和者常
至和之理則可以知常曰明於道矣知和者常光也

生不可強而益之故謂然專心使氣曰強氣是動物壯
是和之理也故謂然專心使氣曰強氣是動物壯

則老謂之不道不道早已
不老此皆不謂心道早已連
則之而為之也

欽定四庫全書

御定道德經註下篇　　　　十四

矢為道者損之又損德至而同于初故曰含德之厚
比于赤子夫赤子無心則物無與戕者是以毒

蟲不蠚歐不據攫鳥不搏而蚤知由夫赤子
而非以取巧而然其取蚤知牝牝作聲而今夫赤子

而氣能如是其喜怒然日號而不嗄而粗
失其能如是其和然日號而不嗄而粗

動者和是乎故知和之常矣知常則氣之常而不
能知斯可謂之明矣知常則氣之常交知常

不益者謂之常矣故其自然而不益生之
則強益甚矣夫虛而守柔者道乃久殘身不

則欲益之則物壯則

第五十六章

其道走載故常連巳之而勿為也
殆今載實而強則物壯則老
則強識甚矣夫虛而守柔者道乃久殘身不
不道者斯可謂之明矣故知所行矣夫戕賊者道乃久殘身不
其道走載故常連巳之而勿為也

欽定四庫全書

御定道德經註下篇　　　　十五

無形不可以目視不可以口傳此至人心契道妙而
使心就閉門挫銳解紛以明行之典天下同

兌閉已見五十二章然後則於道清靜以塞嗜欲
兌問已見五十二章然後則於道清靜以塞嗜欲

愛悅之端此則宗道無言以合攝聽聰明之理夫道

言　等觀順逆而不可得而貴不可得而
熟為利害　不知榮辱為貴賤而故

為天下貴　此道之所以為天下貴也
知者不知常則知之至也然則成之而無不

而親不可得而疏熟為親疏
不可得而利不可得而

知者不言言者不知　謂道不可言言之非也
　　挫其銳出也閉其門不

是謂玄同　內此治也和其光挫其銳解其紛外也
是謂玄同　內此治也和其光同其塵隨其

第五十七章

以正治國以奇用兵　聖人果遠能通無意于用兵雖不
　　得已然後有征代之事故治國必

以無事取天下

少　宜

欽定四庫全書

105(256) 부록 Ⅱ

以正用兵以無取天下者廓然無事而
方以奇　　　　　　天下自歸之吾何以知天下
之然哉吾何以知天下之然哉以此天下多忌諱而
民彌貧連則民貧而無告矣
民多利器國家滋昏利器權謀
是聖人在上常使民無知無欲
務本業而趨末技巧之事
非勝之物奇邪之詐偽
足則日入於盜賊矣故聖人云
法令滋章盜賊多有患人之詐偽法令
靜而民自正我無事而民自富我無欲而民自
樸而民自正我無事而民自富我無欲而民自樸
此章言治國之事治國者不可以不常且久欲以正
以成天下之樸

第五十八章

其政悶悶其民淳淳　悶悶者不作聰明
其政察察其民
缺缺　缺缺者頑碎之貌此禍所倚福兮禍所伏孰知其
禍兮福所倚福兮禍所伏孰知其
極其無正即其常權之言正復為奇善復
正復為奇善復為妖此福禍善惡之意人之迷其日
固久矣人迷而善為妖人之迷也其日
是以聖人方而不割廉而不劌直而不肆光不耀

正而不廉而不劌直
此方而不割廉而不劌直而不肆光而不耀
以正治國以無事取天下則其政悶悶矣故其民淳
淳滇于薄也以有智治國以有事取天下則其政察
察矣故其民缺缺不全于樸也
禍兮福所倚福所倚者有所倚則有所倚而
變化無常故曰福兮禍所伏禍所伏者有
宜察之若此禍福倚伏莫可知也禍福相
所伏者其可知哉世無所謂福則無所謂
為秋秋然為正則或復為奇或以善則
則天下之禍或為邪其邪正善惡果未可
以知之矣此聖人所以未嘗正人而
來建而挫其心以迷其日久是以聖人方
之所以正者猶方而不割廉而不劌
斷制而以察察用其光復歸于明此無
能曲全而枉直光而不耀故用其光復歸于明此無

第五十九章

治人事天莫若嗇 外以治人內以事天皆莫知嗇者
之夫惟嗇是謂早服謂之重積德 胡之內閣于外閉其心不馳外心不起
重積德古先以有所積倹 其形心早不遠此惟
莫以畜是又加積之也 服其心外服惟
莫知其極 重積德則無不克無不克
國有國之母可以長久者 道云萬物之母故知莫得之不窮也
根固柢長生久視之道固而不可脫雖以長生久視可
之

欽定四庫全書

此章言治人事天之道 治人事天而不以人之所以為人者治之則人不可得而治矣治天之所以為天者治之則天不可得而治天惟嗇之一則人其有不可得而治者乎天其有不可得而治者乎夫惟嗇是守則天惟四達之所以治天惟精神是守則神惟四達之所以治人且人之精神者亦流而神不神是守則人其有所以治人惟嗇是守其神而不勞其精神而不勞者是謂重積德之為而神不休精神之勞而敝精神之勞雖欲嗇早服者早日服之則早日早服則重積德重積德則無不克莫之能病則莫之能知其道之有病者則莫知其極故莫知其極則可以有國有國之母則可以長久是謂

反其精神以克嗇之故早日謂之重積德則無不克則無由入矣益以克之故能女住而不克故能有所不克則雖有國可以守益以克之能偶女往而不克則雖有國可得守之

道者萬物之母既得其母以知其子既知其子得守時而楗則物之不克則得其母以知其子既知其國可得守之

第六十章

治大國若烹小鮮者攪之則碎治大國者援之以無為天下雖有神義無所用之非聖人之不神而自不能人之傷也非其鬼不神其神不傷人人聖人亦不傷之由聖人之有傷人故德交歸焉神鬼所以不相傷者由上有夫兩不相傷故德交歸于聖人焉

治大國若烹小鮮者不可以援援則魚爛矣以道莅天下其鬼不神非其鬼不神其神不傷人聖人亦不傷人夫兩不相傷故德交歸焉

欽定四庫全書

得有國之母以治國雖大無觀之烹小鮮者必然也 不可以
捷治大國者不可以煩煩則人勞捷則人傷是謂大國者
理此聖人以道莅天下無所用其鬼神及其至無為無事使人之氣均調則物咸遂其天真神者陰陽和精六氣均調而神不傷人者陰陽和靜人亦不傷其神至四時不順寒暑失和則傷人之性人亦傷其神矣是故聖人以道莅天下使神不傷人其亦不傷神者亦失其性至于使聖人不傷人則人之德全矣和則傷聖人之德全其亦人不遭其神德而傷人者由聖人以道莅天下使神不傷人人亦不傷人則聖人大悅以故德交歸焉故神不傷人聖人亦不傷人夫兩不相傷神兩不相傷故德交歸焉

第六十一章

大國者下流天下之交天下之
牝天下之交會天下之

牝常以靜勝牡以靜為下故大國以
下小國則取小國小國以下大國則
取大國故或下以取或下而取大國
不過欲兼畜人小國不過欲入事人
夫兩者各得其所欲大者宜為下

此章指大國小國道之人宜謙宜靜之為大
國者能自甲下則可以合天下之交其下之譬如牝

欲故大者宜為下

道者萬物之奧善人之寶不善人之
所保不肖者有道焉何棄之有

第六十二章

美言可以市尊行可以加人
人之不善何棄之有故立天子置
三公雖有拱璧以先駟馬不如坐進此道
古之所以貴此道者何不曰求以得

第六十三章

為無為事無事味無味

大小多少報怨以德

圖難於其易為大於其細天下難事
必作於易天下大事必作於細是以
聖人終不為大故能成其大

夫輕諾必寡信多易必多難是以聖人
猶難之故終無難矣

此章言道在無為而非輕忽為心也其所無為事
味其所無味天下既清既靜無不正矣聖人以
德相容相化夫何怨之

第六十四章

欽定四庫全書　御定道德經註　下篇

其安易持而持之則難矣其未兆易謀
其形見則其脆易泮其微易散者此
難謀矣

治之于未亂以無治治
天下自

於未有事反其有事愈為愈
難有為者愈為愈

其安易持，其未兆易謀。

其脆易泮，其微易散。為之於未有，治之於未亂。

大生九成之臺起于累土此累土之而積之千里之行
于小生九成之臺之以見高起于下千里之行
始于足下以見下于行之頃止為者敗之敗成反敗執者
失之執之愈固是以聖人無為故無敗無執故執者
之從事常于幾成而敗之幾成將愼終如始則無敗事
不愼于事之終而幾成而敗之以不
故愼于事之始是以聖人欲不欲不貴難得之貨以不學為學以救
欲求事之終而常學以致之欲不學復眾人之所過以不學為學以救
難得之貨學不學復眾人之所過以不學為學以救
過以恃萬物之自然而不敢為
此章言道術幾先之妙天下惟安易持未兆易謀脆

第六十五章

欽定四庫全書　御定道德經註　下篇

古之善為道者非以明民將以愚之役之則可無欲民之難
治以其智多之智故以智治國國之賊為官不以智治
國國之福知此兩者亦稽式稽式楷模也能知稽式是謂玄
德玄德深矣遠矣微曰深幽曰遠即主同之德下與物反矣乃至
大順反于道乃

此章古去智以治國古之聖人以道治民非以明之將
愚之耳何也聰明者道之累民之難治以其智多
多智之勢以為國必皆愚智則國之福則可以為治國之福乃
智治國則以智治國國之賊以智治國之賊
賊民者與物反矣乃至
其德玄矣幽可測其深遠量其遠乎夫物情莫不貴智
而去德偶賤之是以大順于道矣
執知其通以大順于道其

第六十六章

江海所以爲百谷王者以其善下之　故能爲
百谷王之所歸往也是以聖人欲上人以其言下之

欽定四庫全書　　　御覽道德經註　下篇

以其言下之欲先人
以其身後之是以聖人欲上人以其言下
之後之其道不得已而是以處上而人不
重處前而人不害是以天下樂推而不厭
推戴而無猒心以其不爭故天下

莫能與之爭
此言聖人之能自下百谷之水皆歸之江海浩
而已故聖人欲上人以其言下之欲先人以其
身後之其道不得已夫惟道不得已夫
此夫唯道故似不肖此句正見夫人言之不
如此故天下莫能與之爭矣

第六十七章

天下皆謂我道大似不肖
夫唯大則無所肖似天若肖久矣其細也夫此
肖大則無所肖似天若肖久矣其細也夫此
上且先見以此句之正見夫人言之
我有三寶寶而持之一曰慈二曰儉
三曰不敢爲天下先　夫慈故能勇慈則柔能

儉故能廣則常足故能廣　不敢爲天下先故能成器長
器形此長君長之凡成形者
武當謂之長故曰成器長
廣舍其後且先死矣　必主死亡夫慈以戰則勝以守則
固天將救之以慈衛之
此章暢言道之流世也天下之人見我道大而謂
其似不肖夫道何所肖守道外有物矣道外有
肖則有物矣得爲大乎故道唯大乃似有所
不肖若肖則久矣其細也夫故大乎似我
有三寶寶而持之一曰慈二曰儉三曰不敢
爲天下先故慈能勇儉能廣後能成器長而
天下皆歸故慈能勇儉能廣後能成器長而
下先故能成器長此皆世人之所貴而不貴
爲之也使舍慈後儉廣而爲其勇矣
則不得已用之使舍慈後而爲其勇矣

欽定四庫全書　　　御覽道德經註　下篇

道先則必爲人所疾爲人所疾死之徒矣夫慈之爲
似父母之愛子爲之戰則勝而不辭故以戰則勝
以守則固天之救人若救之則使之衛矣
之無慈則物當之無慈爲之

第六十八章

善爲士者不武善戰者不怒　善勝敵者不與善用
敵者不爭不與之爭行之以性也　善用人者爲之下
之德是謂用人之力不強人而人自從所歸用其
力其爲此是謂用人之力能用其力
是謂配天古之
極自古以來無加于
此章借喻不爭之德於我行武則強梁者不得其死矣故善爲
武爲賢然以我行武則強梁者不得其死矣故善爲
士者不武善戰者不怒善士當以
性我有三寶實實而持之一曰慈故能勇
是謂配天

士者不武不得已而用兵以理勝心念則敗矣故善
戰者不怒以吾不怒方能使心爭吾君爭出于爭不
能勝矣故善勝敵者之則吾所用爭吾君爲之下
爲用敵用能下之則吾德我故善用人者爲之下
天下故以與天相配而自古無加之者矣

第六十九章

用兵有言古兵家吾不敢爲主而爲客主逆事者也不
敢進寸而退尺退者無爭意是謂行無行上行字如字
攘無臂攘揎扔無敵執無兵刃禍莫大于輕
敵輕敵幾喪吾寶是吾不爭而勝之故抗兵相加哀者勝矣

第七十章

吾言甚易知甚易行天下莫能知莫能行嘆世之不言
有宗之總事有君者民之總夫唯無知是以不我知
知我者希則我貴矣知者希則我貴不足爲道之意是以聖人被

禍懷玉被禍懷玉者外與中偶異也

第七十一章

知不知上知道而不以知爲最上不知知病
夫唯病病是以不病病猶官也不知而
以其病病是以不病聖人之不病也

第七十二章

民不畏威威可畏則大威至矣無狎其所居
無厭其所生民生久視之理也夫惟不

厭是以不厭又何厭其有是以聖人自知不自見
能庭之也故去彼取此

此章因民情之偏而引之于道凡民之動而之死者
之久而反厭之矣苟能不厭則生矣生則與
生俱忘無所苦無所厭而居自廣生自久耳故曰夫
乎無徒厭之端而自廣生自久月故曰
以民欲靜凶富至此必畏之理也正
則禍亂災害之所由起故大威至此而自廣
今民欲靜富而安于不顯居之不可厭居
不可損壽賤而退身而恐于有則生而反反
之而觀其所居則生自愛之廣而反俟
以自觀凡民社席之上尺席
此章因民情之偏而引之于道凡民之動而之死者
藏明自知而不自表道絕私自愛之德含
自見于外言其能晦也自愛不自貴

第七十三章

勇於敢則殺勇於不敢則活此兩者或
利或害孰知其故天之所惡孰知其故世人是以
聖人猶難之難于勇敢行生何言哉不興
物莫先而不言而善應行生自處不名而自來生暑退
聖人猶難之難于勇敢行生何言哉不與
繟然而善謀緩於天網恢恢恢廣大也
網若疏珠而貫密則天道曉人止用其剛強則勇于
此章以天道曉人止用其剛強則勇于不敢此生之
之故也殺其柔弱則勇于不敢此生之宜不

第七十四章

民常不畏死奈何以死懼之夫而有揭艦若使民常
畏死而為奇者奇言其異常也常有司殺者殺
不畏死而為奇者死而不服而為奇者則為奇矣吾得執而殺之孰敢
而不畏殺者謂殺之常有司殺者殺天之司殺者殺
代司殺者殺之矣天之司殺者殺而代司殺者殺
則為奇者殺之矣是謂代大匠斲匠斲木

第七十五章

此章吉利以坊民當去其泰甚之凡用刑者不過以
死懼民而民常有不畏死者矣奈何以使懼之乎若
死懼民而民常有不畏死者矣奈何以
使民安于大道之中樂生而欲取司殺者之天而
教之執敢于大道則人取是懼之者而
教之執敢于人欲代司殺者之天而
非我若是斯未矣妄用斧斤直有不傷其手者乎
大匠斲未矣妄用斧斤直有不傷
而貴路而此章以天道曉人止用其柔弱則勇于
難若殊則失其柔弱則勇于不敢此生之宜不

民之饑以其上食稅之多也是以饑民之難
治以其上之有為也是以難治用智術則巧于相避民
之輕死以其生生之厚也是以輕死過于自奉是厚己
夫惟無以生為者是賢于貴生身而身存之貴生
　生者是乎其...

此章論生死之道由粗及精而歸于忘身之上多取
則下亂上多事則下亂此必然之勢之立民之過于
自愛方以為養生之厚而不知適輕其身則之過于
之矣聖人惟無以生為則所謂及吾無身吾何患
之豈不賢于自...

第七十六章

人之生也柔弱其死也堅強老大之齒草木之生
也柔脆必枯槁長大則枯橋橋上户...堅強者死之
徒柔類弱者生之徒是以兵強則不勝木強則
共言人共強大處下物之粗者必強大柔弱處上精者
必伐之之徒強者人必下之柔弱處上精者

老子之學主于尚柔故此章以人與草木之生死而
其死也枯槁則凡柔弱而生者生之徒柔弱而死者
一定之理此故用兵者特強而驕必以取敗而木強

賢即賢于人

此章言損上益下天道惡滿而好謙聖人之張弓
高者抑之下者舉之故天道損有餘以補不足侯王
均平而已天道如此何至于人則不然而偶損不足
以奉有餘此惟有道之人乃能損我之有餘以奉
下者不恃成功我不居其不事與聖人仍本天之道
之者不敢不至于人則人之所以有餘以奉
其賢聖人以法天之道而已

以為天道是以聖人為而不恃成功而不居其不欲見
者奉人之不足之君執能以有餘奉天下惟有道者
奉天之道損有餘而補不足人之道則不然損不足而
道天之道損有餘而補不足
有高處則抑之有下處則舉之上二句言張
有餘者損之不足者補之于此二句言
天之道其猶張弓乎高者抑之下者舉之凡張弓者欲

第七十七章

強之人伐之可見堅強之賢相而柔弱之
驕言之人之生也堅強也故知道者以強大為下柔弱為上

下莫不知莫能行人非不知不肯行是以聖人云受國之垢是
之也變而無易水之柔也
天下莫柔弱于水而攻堅強者莫之能先以其無以易

第七十八章

故柔之勝剛弱之勝強天
下莫不知莫能行而不肯行是以聖人云受國之垢是

謂社稷主，始污穢之，以此惡受納之于柔道之中。受國之不祥，是謂天下王是也。正言若反，一世之常。

此亦言尚柔之用。至柔而穿至堅，陵谷無不攻。天下之用水為至柔，而以水為不易見，其柔之勝剛，弱之勝強，和水之易。故聖人有言曰：受國之垢者，是少則莫能行，此惟王者能當之，以為天下主。有言曰：主受國之不祥，此惟王者能當之，以為天下王者是。惡並出天下之大，夫雖一國之內不能無妖孽生之，自然消弭于之川澤。王者以王道受之而納污，世之所惡之而怨生耳。夫是以王者受國之垢者，可怨謫者，其亦天道反此之妙，此正言若反之常。知道者其。

之司契矣。天道亦然，天道無親，與常善人，亦惟司契而已。

第七十九章

和大怨，必有餘怨，安可以為善？

怨者人之私隙，安可以為善。和怨非和怨。

是以聖人執左契，而不責于人。

各執其一以表則物之信之契也。右契在主財物之家待之，人者有德司契，其右契而應之，責者取之人之。故有德司契者無司徹。

有德司契，無德司徹。天道無親，常與善人。

此言大道之無心，上恩兩忘，知至道人有大怨，則每以有餘未可和也。聖人居上待人而不恃功，或不以居為而安得謂之善道。聖人為而不恃，善不以是為無德。若必欲強通之，則無德司徹非有客。心是以無怨，若欲強通之則無德。司徹非有德。

第八十章

小國寡民。

國小民寡則自淳厚，自淨其人之材堪為什伯為什使民重死而不遠徙。大伯夫之長者使民重死，則畏罪不遠徙，則安居。

使有什伯人之器而不用，器材也。

雖有舟車無所乘之，以求利遠徙則安居。雖有甲兵無所陳之力，以不恃。

使民結繩而用之，古之治也。甘其食，美其服，安其居，樂其俗。鄰國相望，雞夫之音相聞，言其近也，民至老死。

而不相往來，其久也。

此事益老子歎文勝而欲以大古之治救之之意。謂有道者得小國寡民而治之，使之有才而不用，重死而不遠徙。雖有舟車甲兵，無所用其服而章之。所服書契，亦復結繩，以此相安然自足，而老死不相往。鄰國之居，高豈本之俗。此而老死不相往，是則淳淳悶悶訴謂安平，求者非乎此而老子因人心不古而思還醇反樸之俗。

第八十一章

信言不美，美言不信。

信言真實之言，善言，善言似一之言，知言，善辨則聘之言。

善言不辯，辯言不善。

善辯言，聘之言，知者不博，博者不知，知博物之，聖人。

知者不博，博者不知。聖人。

不積慮若既以為人巳愈有以為人
起其所能既以與人巳愈

推其所有天之道利而不害有以與人
多以與人

聖人之道為而不爭有為之心則起爭端以何有

老子一書大抵以不學為主故篇以真贖人
而歸于不學之旨也信則可復不必爭美故信言不
美言則文錦太過而不能信矣善則不辯不必辯
辯故善言不辯辯言則揚抑太過而不能善知者不博不必
則一不博通故不博者不博博則汎濫而無要多
以至無供物之求為人而己愈有是無窮而
不屈動愈出之妙也聖人與天同功天之道雖
有美利而無害而無官聖人之道為
而無不為而未嘗自恃其有故不與物爭而天下莫
能與爭此聖人道與天合
而不導之所以為寶歟

欽定四庫全書
御定道德經註
下篇

乾隆御覽之寶